Max Lüscher wurde 1923 in Basel geboren. Er studierte dort Soziologie, Rechtsphilosophie, Religionsphilosophie sowie klinische Psychiatrie. Experimentelle Arbeiten mit dem Test seines Landsmannes Hermann Rorschach führten ihn dazu, seinen Farbtest zu entwickeln, den er in der noch heute gültigen Form erstmals 1947 auf dem Internationalen Psychologenkongreß in Lausanne vortrug. Er doktorierte 1949 in Philosophie und Psychologie in Basel. Nach Studienaufenthalten in Stockholm und Paris, um sich in neuartige psychotherapeutische Methoden einzuarbeiten, wurde er zur Ausbildung als Hochschuldozent an das Schweizerische Anthropologische Institut gewählt. Neben seiner psychotherapeutischen Praxis nahm er Lehraufträge in Basel, Zürich und Paris wahr. 1957 wurde er als Hochschulprofessor nach Amsterdam berufen. Später leitete er das Institut für medizinische Psychodiagnostik in Köln, Hamburg und Berlin.

Seit 1967 lebt er wieder in seiner Heimatstadt Basel und ist neben seiner medizinisch-psychologischen Forschungstätigkeit als Berater der Markenartikelindustrie mit der psychologischen Marketing-Gestaltung (Motivforschung, Image-Entwicklung, Werbe- und Verpackungsgestaltung) beauftragt.

Prof. Dr. Max Lüscher

Der Lüscher-Test

Persönlichkeitsbeurteilung durch Farbwahl

Rowohlt

Die deutsche Ausgabe folgt der amerikanischen, die 1969 unter dem Titel *«The Lüscher Color Test»* im Verlag Random House, Inc., New York, erschien.
Der deutsche Text wurde von Prof. Dr. Max Lüscher überarbeitet und ergänzt.

Schutzumschlag- und Einbandentwurf Werner Rebhuhn

1.–20. Tausend Januar 1971

Gesetzt aus Aldus-Buchschrift und Helvetica bei A. Utesch, Hamburg
Farbkarten von H. Stumme, Hamburg
Druck und Einband Clausen & Bosse, Leck/Schleswig
Das Werkdruckpapier lieferte die Peter Temming AG, Glückstadt
Printed in Germany
ISBN 3 498 03812 5

Jeder wirkliche Zwang für den Menschen geht letzten Grundes nicht von den Dingen, sondern vom Denken aus und ist somit kein äußerer Zwang, sondern ein Selbstzwang. In Wahrheit gezwungen werden kann der Mensch nur, wenn er sich selber zwingt, und das kann er nur, wenn er die Notwendigkeit dessen, wozu er sich zwingen soll, begriffen hat. Woraus sich dann wieder ergibt, daß jeder wirkliche Fortschritt in der Welt nicht durch Gesetze, Verordnungen oder gar Gewaltmittel, sondern nur durch Belehrung zustande gebracht werden kann. Von jeher hat die Welt nicht der sogenannten großen Männer bedurft, sondern der Lehrer, und von jeher ist für den Denkenden die größte Tat nicht Sieg und Eroberung, nicht Entdeckung und Erfindung gewesen, nicht Meisterung der Welt, sondern Meisterung seiner selbst. Und der einzige wirkliche Weg hierzu ist der: sich selber zu begreifen.

Paul Dahlke
Arzt und Philosoph
(1865–1928)

Inhalt

Kapitel 5

Anweisungen zum Lüscher-Test

1. Nehmen Sie die acht Farbkarten aus dem Umschlag am hinteren Buchdeckel.

2. Legen Sie die Karten mit der Farbseite nach oben in einem Halbkreis vor sich.

3. Sehen Sie sich die acht Farben an und wählen Sie die Karte aus, die Ihnen am besten gefällt. Versuchen Sie nicht, die Farbe mit irgend etwas anderem zu verbinden, wie Kleiderstoffe, Möbel, Autos. Wählen Sie einfach die Farbe, die Sie am sympathischsten finden aus den acht vor Ihnen liegenden Farben.

4. Nehmen Sie die ausgewählte Karte und legen Sie sie mit der Farbseite nach unten neben sich hin.

5. Sehen Sie sich die übrigen Farben an, wählen Sie diejenige, die Ihnen jetzt am besten gefällt, und legen Sie sie rechts neben Ihre vorhergehende Wahl.

6. Wiederholen Sie dies mit den restlichen Farben, bis alle acht Karten in einer Reihe liegen – alle Farbseiten unten, die angenehmste Farbe links und die unsympathischste rechts.

7. Lesen Sie nacheinander die Zahlen, die auf der Rückseite der Karten erscheinen, und schreiben Sie sie der Reihe nach auf ein Stück Papier.

8. Werten Sie den Test nach den Tabellen auf Seite 47 ff.

Wenn Sie den Test mit jemand anderem machen, so gehen Sie in derselben Weise vor.

Kapitel 1

Farbpsychologie

Obgleich die Farben der Natur von Anfang an die Menschheit umgeben haben und sie ihren Einflüssen seit undenkbaren Zeiten ausgesetzt war, sind wir erst seit verhältnismäßig kurzer Zeit imstande, Farben nach unseren Wünschen herzustellen und so vielseitig zu gebrauchen, wie wir es heute tun. Vor dem 19. Jahrhundert war nur eine begrenzte Anzahl von Farbtönen und Pigmenten bekannt. Sie waren hauptsächlich organischen Ursprungs, zudem sehr teuer, so daß farbige Stoffe und Dekorationen das Privileg der Reichen waren. Hunderttausende von Schnecken ließen ihr Leben, damit ein römischer Kaiser sein Gewand aus tyrischem Purpur tragen konnte, während seine Untertanen sich mit ungebleichter Baumwolle, Leinen, Fell oder Wolle begnügen mußten.

Erst in den letzten hundert Jahren hat sich dieses Bild wesentlich geändert, zuerst durch die Synthese der Anilinfarben, später durch die Kohle-Teer-Derivate und die Metalloxide. Heute bleiben nur wenige Dinge, die wir herstellen, in ihrem ursprünglichen Zustand, ohne ganz oder teilweise gefärbt, bemalt oder koloriert zu werden. Jetzt gibt es Tausende von Farben jeder Tönung und Intensität, jederzeit für fast jeden Zweck verwendbar. Heute haben wir nicht nur das Blau des Himmels, das Rot des Sonnenuntergangs, das Grün der Bäume und all die anderen Naturfarben, sondern es bezaubern oder bestürmen uns fortwährend auch vom Menschen geschaffene Farben: Neonlicht, Farbanstrich, Tapeten und Farbfernsehen.

Die zunehmende Verwendung von Farbe und der überall wachsende Wettbewerb zwischen Unternehmern, die höhere Umsätze erzielen wollen, führte zu einer schnellen Entwicklung der Farbpsychologie, wenn auch ein Teil der Forschungsarbeit, vor allem im Bereich des «marketing» nichts anderes als ein Herumprobieren war. Der Zuckerhersteller weiß zum Beispiel, daß er sein Produkt nicht in einer grünen Verpackung verkaufen darf; Kosmetikartikel in braunen Töpfen stehen noch im Regal, wenn rosarot verpackte schon lange verkauft sind.

Die Farben haben Einfluß auf uns, und diese Einflüsse wirken tief auf unsere psychische und physische Verfassung – ob wir es wollen oder nicht.

Unternehmer müssen die Kaufmotive kennen, um sicher zu sein, daß die Konsumenten ihr Produkt einem anderen vorziehen. Wenn er Zucker produziert, sollte er ihn in blauen Packungen anbieten. In jedem Fall sollte er die Packung nicht grün gestalten, aber er wird nicht wissen, warum. Die Farbe Blau steht nämlich in einem psychologischen Zusammenhang mit dem Gefühl des Weichen, Zärtlichen und «Süßen».

Beim Betrachten eines Gemäldes oder einer Farbfotografie bleibt die psychologische Bedeutung der Farben im allgemeinen unbewußt, weil noch viele andere Faktoren mitspielen. Aber bei den einzelnen Farben ist es möglich, ganz genaue Aussagen zu machen. Die Vorliebe für eine Farbe und die Ablehnung einer anderen hat eine bestimmte Bedeutung: die Farbwahl spiegelt den seelischen Zustand genau wider. Auf dieser Erfahrung ist der Lüscher-Test aufgebaut. Zehntausende von Untersuchungen mit dem Lüscher-Farbtest in den verschiedenartigsten Kulturen, fast auf der ganzen Welt, haben gezeigt, daß die Farbwirkung überall unabhängig von Rasse, Geschlecht und sozialer Stellung besteht.

Das Leben der Menschen wird von zwei psychologisch und physiologisch wichtigen Faktoren beeinflußt: Tag und Nacht, Dunkelheit und Licht. Die Nacht bringt Bedingungen, die früher eine Tätigkeit unmöglich machte. Also zog sich der Mensch in seine Behausung zurück, wickelte sich in seinen Pelz und schlief bis zur Morgendämmerung. Der Tag brachte die Möglichkeit, wieder tätig zu werden. Dann brach der Mensch auf, um Nahrung zu suchen. Die Nacht zwang ihn zur Passivität und Ruhe. Auch der Körper trat in die Erholungsphase. Der Tag bringt die Möglichkeit zur Tätigkeit, alle Körperfunktionen sind gesteigert; der Organismus ist auf Leistung eingestellt. Helligkeit und Dunkelheit und damit auch die Farben sind mit Tag und Nacht verbunden, mit dem Dunkelblau des nächtlichen Himmels und dem Hellgelb des Tageslichts. Dunkelblau ist die Farbe der Ruhe und der Passivität, Hellgelb die der Aktivität und Entfaltung.

Für den Primitiven nahm Aktivität in der Regel zwei Formen an: entweder jagte er oder griff an, oder er wurde gejagt und mußte sich gegen Angriffe verteidigen. Die Aktivität diente zur Eroberung und Bereicherung oder zur Selbsterhaltung. Die Aktionen Angriff und Eroberung werden durch die Farbe Rot repräsentiert, Selbstbehauptung durch die Farbe Grün.

Farbphysiologie

Experimente, bei denen Personen aufgefordert wurden, das Orangerot des Lüscher-Tests einige Zeit zu betrachten, zeigten, daß diese Farbe über das Nervensystem einen stimulierenden Effekt ausübt: Der Blutdruck steigt, Atmung und Herzschlag werden schneller. Daher hat Rot eine «anregende» Wirkung auf das vegetative Nervensystem.

Versuche mit dem dunklen Blau des Lüscher-Tests zeigten den umgekehrten Effekt: der Blutdruck fällt, Herzschlag und Atmung werden langsamer. Also hat Dunkelblau eine «beruhigende» Wirkung auf das vegetative Nervensystem.

Der Herzschlag, die Tätigkeit der Lunge, die Verdauung, alle komplexen Prozesse im Körper, die ohne bewußte Anstrengung ununterbrochen in Gang gehalten werden müssen, werden vom vegetativen Nervensystem geregelt.

Die Entwicklung des Farbensehens

Ein neugeborenes Kind, das anfängt zu «sehen», wird zunächst Kontraste unterscheiden: «Helligkeit» und «Dunkelheit». Dann lernt es Bewegungen wahrzunehmen, danach unterscheidet es Gestalten und Formen. Das Erkennen von Farben ist die letzte Entwicklungsstufe.

Becker hat 1953 nachgewiesen, daß ein Nervengeflecht von einem Kern in der Netzhaut des Auges direkt zum Mittelhirn (Mesencephalon) und zur Hypophyse führt und hormonale Steuerungen bewirkt. Die Hypophyse ist eine Drüse mit innerer Sekretion, die fast im Zentrum des Gehirns liegt und einige wichtige Hormone in den Blutkreislauf absondert. Sie ist die wichtigste Drüse, die die anderen endokrinen Drüsen kontrolliert und unter anderem das Wachstum reguliert.

Hingegen ist die Unterscheidung von Farben, ihr Erkennen, ihre Bezeichnung und die ästhetische Wirkung jeweils eine Funktion der Hirnrinde.

Ist der Lüscher-Test bei «Farbblinden» anwendbar?

Eine Prüfung der Wirksamkeit des Lüscher-Testes bei Farbblindheit wurde von L. Steinke vorgenommen, der eine normale Kontrollgruppe und Personen, die an partieller oder totaler Rot-Grün-Blindheit litten, untersuchte. Seine umfangreichen statistischen Ergebnisse zeigen, daß eine Beeinträchtigung des Farberkennens beim Lüscher-Test keine Rolle spielt, daß also eine partielle «Farbblindheit» nicht berücksichtigt zu werden braucht.[1]

---

[1] L. Steinke: ‹*Farbpsychologische Untersuchungen mit dem Lüscher-Test bei angeborenen Farbsinnstörungen*›. In: *Confinia Psychiatrica*, Vol. 3, No. 2 (1960).

Der Lüscher-Test

Bei Entscheidungen für oder gegen eine Farbe wird die Wahl oft von äußeren Umständen beeinflußt. Wenn es sich um die Wahl eines Kleidungsstückes, einer Tapete für das Wohnzimmer oder einer Farbe für das Auto handelt, dann wird die endgültige Entscheidung nicht nur von psychischen Vorlieben oder physischen Bedürfnissen bestimmt (obwohl diese nicht ausgeschlossen werden können), sondern von ästhetischen Überlegungen: Sind Farbe und Schnitt des Kleides modisch? Paßt die Tapete zu der übrigen Einrichtung? Und so weiter.

Im Lüscher-Test werden die Farben in eine Rangfolge nach der Sympathie zur einzelnen Farbe gebracht. Es wird ausdrücklich nach keinem ästhetischen Zweck und keiner Anwendung gefragt. Es ist also wichtig, Testpersonen, die danach fragen, davon zu überzeugen, daß die Farben nur nach ihrer Schönheit ausgewählt werden sollen, ohne das Werturteil, ob sie als Kleiderstoff, als Möbelbezug oder für die Polsterung eines Autos passen.

Außerdem darf auf keinen Fall die Wahl so getroffen werden, daß eine Farbzusammenstellung von zwei oder mehr Farben (z. B. Schwarz und Gelb) als Kombination gesucht wird.

Der Klinische Lüscher-Test, von dem die acht Farben nur ein kleiner Auszug sind, besteht aus sieben Farbtafeln. Auf ihnen sind 73 Farbfelder aus 25 verschiedenen Farben, unter diesen müssen 43 verschiedene Wahlen getroffen werden. Das ganze Testprotokoll dauert sieben bis zehn Minuten und bietet eine Fülle von Informationen, die die bewußte und unbewußte psychische Struktur der Person aufdecken. Verschiedene Bereiche des psychischen Zustandes, des seelischen Gleichgewichtes, der Affektivität, die Neurosentendenz, die Art und der Grad von Störungen sind darin ablesbar. Der Klinische Lüscher-Test liefert außerdem viele physiologische Informationen und direkte entsprechende Therapiehinweise, die für den Arzt und den Psychotherapeuten wichtig sind.

Diese sehr gekürzte Form des Testes ist als «Kleiner Lüscher-Test» bekannt. Sie ist zwar nicht annähernd so umfassend und so differenziert wie der Klinische Test, ergibt aber doch erstaunliche Aufschlüsse. Die Kurzfassung bringt bezeichnende Strukturen der Persönlichkeit ans Licht und kann die Aufmerksamkeit auf psychische und physische Störungen richten. Ärzte in den USA und Europa benutzen den Klinischen Lüscher-Test, manche aus Zeitmangel aber nur diese Kurzfassung als zusätzliche diagnostische Hilfe, seit der Nachweis gelang, daß der Lüscher-Test ganz besonders geeignet ist, um seelisch-körperliche Störungen zu erkennen. Der Test stellt ein «Frühwarnsystem» für beginnende Störungen dar, zum Beispiel bei Herzschäden, Durchblutungsstörungen im Gehirn oder Störungen des Magen-Darm-Traktes und allen anderen psychosomatischen Erkrankungen.

Der Arzt ist ein vielbeschäftigter Mann, der kaum Zeit für komplizierte diagnostische Auswertungen hat. Beim Lüscher-Test kann er ohne Bedenken seiner Sprechstundenhilfe die Testaufnahme überlassen. Mit ein wenig Übung erkennt der Arzt aus dem Testergebnis, ob der Zustand seiner Patienten normal ist oder ob Alarmzeichen vorhanden sind, denen weiter nachgegangen werden muß.

Der deutsche Chefarzt Prof. Dr. med. J. Erbslöh sagt in seinem Aufsatz ‹*Die Verwendung des Lüscher-Farbtestes in der ärztlichen Praxis*›[1]: «Wir müssen Professor Lüscher für die Entdeckung der psychologischen Bedeutung der Farben und für die Entwicklung eines Farbtestes danken, dessen besonderer Vorteil seine einfache Anwendung ist. Er wird von meinen Hebammen auf der Entbindungsstation und von den Sekretärinnen in meiner Praxis angewandt. Die Deutung der Farben jedoch bleibt Aufgabe des Arztes.»

Nachdem er an einigen Beispielen den Vorteil des Tests bei «Frühwarnungen», wenn andere Methoden versagen, demonstriert hat, fährt er fort:

«Der Test vertieft das Verständnis des Arztes für die psychische Verfassung des Patienten und macht ihn weniger voreingenommen. Er gibt wichtige Hinweise, die sowohl bei Diagnose und Therapie als auch bei der Prognose bestimmter Krankheiten verwendet werden können. Wegen seiner Zuverlässigkeit und Einfachheit kann er für den allgemeinen Gebrauch empfohlen werden.»

Der deutsche Medizinaldirektor Chefarzt Dr. med. Walter Groh schreibt über den «Lüscher-Farbtest im medizinischen Bereich»:

«Der Test überzeugt durch seine einfache Handhabung, seine kurzfristige Erstellbarkeit, die größtmögliche Ausschaltung von Fehlergebnissen, durch seine übersichtliche Gliederung und die mehrfach korrelierenden und kontrollierbaren Ergebnisse, was seine objektive Verwendbarkeit für psycho-vegetative Befunde erhöht. Er ist sowohl zur Zustanddiagnose als auch zur Verlaufskontrolle der Behandlung zu verwenden.

Für den Arzt ist die Diagnose der affektiven und psychomotorischen Stimmungslage, der Frustrationen, der Angst und ihrer Kompensationen von besonderer Bedeutung und aus den Einblicken in die Gefühls-, Willens-, Antriebs- und Kontakthaltung des Patienten, in seine Zwangsreaktionen und ihren Konfliktgrund sind wesentliche Rückschlüsse auf therapeutische Maßnahmen zu ziehen.»

---

[1] In: *Ärztliche Praxis* Nr. 31 (1962).

Die Verwendungsmöglichkeit des Tests bei Erziehungsfragen ist vielfältig. Hierüber haben Karlheinz Flehinghaus und andere zahlreiche Untersuchungen angestellt. A. Kessler, Rom, hat über 10 000 Kinder mit dem Lüscher-Test in Afrika, Asien und Europa untersucht. Auch die Anwendung des Tests in der Ethnologie (H. Klar; H. u. N. Dietschy), Religionspsychologie (Bokslag), Gerontologie (Bokslag) und Eheberatung (Canziani) wurde vielfach geprüft. Darüber hinaus hat der Lüscher-Personnel-Service in London praktische Erfahrung mit dem Test bei der Berufsberatung und Personenauswahl für Industrie und Handel (Scott) gesammelt.

Seit seinem Erscheinen vor mehr als zwanzig Jahren wurde der Test verbessert und verfeinert, aber im wesentlichen hat er sich seit zwanzig Jahren nicht verändert. Die Auswertung wurde erweitert und spezifiziert, die theoretischen Voraussetzungen des Tests haben jedoch der Zeit widerstanden. Es besteht keine Veranlassung, sie in irgendeiner Weise zu revidieren. Die umfangreichen faktorenanalytischen Statistiken verschiedener wissenschaftlicher Institute haben jetzt, zwei Jahrzehnte nach seiner Erfindung, die Theorie und Zuverlässigkeit des Lüscher-Tests nachgewiesen und bestätigt.

Funktionspsychologie

Der Farbtest ist auf der von Professor Lüscher entwickelten Funktionspsychologie aufgebaut. Im Lüscher-Test bleibt die «Struktur» oder Grundbedeutung einer Farbe konstant. Diese Struktur ist als «objektive Bedeutung» der Farbe definiert. Dunkelblau bedeutet zum Beispiel «Ruhe», gleichgültig ob irgend jemandem diese Farbe gefällt oder ob er sie ablehnt. Als «Funktion» dagegen bezeichnet Professor Lüscher die «subjektive Einstellung der Farbe», die von Mensch zu Mensch verschieden ist. Der eine kann eine bestimmte Farbe sympathisch finden, der andere kann sie langweilig finden und deshalb ablehnen, ein dritter kann ihr indifferent gegenüberstehen, während ein vierter sie absolut häßlich finden kann.

Die Testperson wählt die Farben in der Rangfolge von der sympathischsten bis zur unsympathischsten. Die Farbe, die ihr am besten gefällt, steht an erster Stelle. Für die Farbe, die sie als letzte wählt und die an achter Stelle steht, empfindet sie die größte Abneigung oder geringste Zuneigung. Der Stellenwert, den eine Farbe in der Rangreihe einnimmt, heißt «Funktion».

Am Anfang der Reihe finden wir die entschieden bevorzugten Farben. Danach folgen Stellen mit weniger starker Bevorzugung, dann eine Zone der Indifferenz, am Ende der Reihe stehen dann die abgelehnten Farben. Die einzelnen Stellen werden mit folgenden Zeichen kenntlich gemacht:

Starke Bevorzugung einer Farbe	Zeichen: + (Pluszeichen)
Sympathie zu einer Farbe	Zeichen: × (Multiplikationszeichen)
Indifferenz gegenüber einer Farbe	Zeichen: = (Gleichheitszeichen)
Ablehnung einer Farbe	Zeichen: – (Minuszeichen)

Funktion (Stellenwert) der Farben

Erste Stelle: Die entschieden bevorzugte (sympathischste) Farbe bedeutet «Hinwendung», und wird mit + gekennzeichnet. Sie zeigt die «taktische Methode», den Modus operandi des Menschen, der sie wählt, und die Mittel, auf die er sich verläßt oder die er einsetzt, um sein Ziel zu erreichen. Dunkelblau (Ruhe) in dieser Position würde als Modus operandi bedeuten: Ich brauche jetzt Ruhe.

Zweite Stelle: Die zweite Stelle wird auch mit dem + Zeichen markiert: Sie zeigt das tatsächliche Ziel. Steht beispielsweise Dunkelblau an dieser Stelle, so versucht die Testperson den Zustand der «Ruhe» zu erreichen.

Dritte und vierte Stelle: Beide erhalten × als Kennzeichen. Die Farben an dieser Stelle zeigen die Verfassung, in der man sich fühlt, oder die eigene Disposition, das Befinden. Dunkelblau an diesen beiden Stellen (×) bedeutet, daß der Wählende sich in einer ruhigen Verfassung befindet und sich ruhig und gelassen fühlt.

Fünfte und sechste Stelle: Sie erhalten das Vorzeichen der Indifferenz: =. Farben an diesen Stellen werden weder abgelehnt noch entsprechen sie der Verfassung des Wählenden. Sie stellen Eigenschaften dar, die zur Zeit für ihn aufgehoben und im Augenblick nicht wirksam sind. Eine «indifferente» Farbe ist also eine aktuell nicht eingesetzte Eigenschaft, die als jetzt ungeeignet «suspendiert» wurde, aber aus der Zurückstellung heraus schnell wieder wirksam werden kann. Steht zum Beispiel Dunkelblau (Ruhe) an den Stellen der Indifferenz, so ist die «Ruhe» zur Zeit nicht wirksam: Eine unruhige Reizbarkeit ist zur Zeit vorhanden,

Siebte und achte Stelle: Sie tragen das — als Vorzeichen und bezeichnen die «Gegen-Wendung». Farben, die der Wählende als unsympathisch ablehnt, repräsentieren dasjenige Bedürfnis, das aus einem zweckmäßigen Vorteil gehemmt wird. Würde das Bedürfnis spontan befriedigt, so hätte das Nachteile zur Folge. Mit anderen Worten: Die abgelehnten Farben zeigen das aus Zweckmäßigkeit gehemmte Bedürfnis. Steht beispielsweise Dunkelblau an einer dieser beiden letzten Stellen, so kann das Bedürfnis nach Ruhe nicht spontan befriedigt werden, weil — bei den als widrig empfundenen Verhältnissen — jedes Ausruhen, jede Hingabe und Bindung eine unbefriedigende Abhängigkeit zur Folge hätte: «Ich kann mir keine Ruhe leisten.»

Wenn die Auswertungstabellen im Zusammenhang mit diesen Beschreibungen gelesen werden, ist es möglich, zu einer sehr differenzierten Analyse zu kommen.

Die Deutung der Funktionen

Farben wechseln niemals ihre Grundbedeutungen — die «Struktur» bleibt konstant. Ihr Stellenwert (Funktion) in der Farbreihe modifiziert jedoch die Aussage. Diese Auswertungen folgen in den Tabellen am Schluß des Buches.

Jeder Berufszweig, in dem dieser Test verwendet wird, hat seine Fachsprache, nicht nur der Psychologe und der Eheberater, auch der Psychiater, der Arzt, der Erziehungsberater und der Kriminologe. Jeder könnte sich die Tabellen in seiner Sprache wünschen. Zusätzlich wären besondere Formulierungen für Alter und Geschlecht, für soziale Bedingungen und für medizinische Diagnosen oder therapeutische Maßnahmen wünschenswert. Der Versuch, allen Ansprüchen zu genügen, würde die Tabellen überladen. Deshalb wurden sie so knapp wie möglich gehalten. Personalpronomen wie «er, ihm, ihn» oder «sie, ihr» wurden weggelassen.

Kapitel 2

Grundfarben und Modifikationsfarben

Systematik der acht Farben

Auf den Farbkarten befinden sich Kennziffern. Wer den Test oft gebraucht, sollte sich mit diesen Ziffern vertraut machen.

1 Dunkelblau 2 Blaugrün 3 Orangerot 4 Hellgelb	Die vier Grundfarben repräsentieren die vier psychischen Grundstrukturen
5 Violett 6 Braun 7 Schwarz 0 Grau	Die vier Modifikationsfarben

Bedeutungskategorien der vier Grundfarben

Die allgemeine Beschreibung aller acht Farben findet sich in Kapitel 3. Die vier Grundfarben sind von besonderer Wichtigkeit und haben folgende speziellen Bedeutungen (besonders wichtige sind mit ▷ markiert):

1 Dunkelblau bedeutet «Gefühlstiefe»
und ist
con-zentrisch
heteronom
vereinigend
▷ empfindsam
nachdenklich
verbindend
▷ Ruhe
Zufriedenheit
Zärtlichkeit
Liebe und Zuneigung

2	Blaugrün bedeutet		«Willensspannkraft»
	und ist		con-zentrisch
			autonom
			defensiv
		▷	sichernd
			besitzend
			beharrend
		▷	Selbstbehauptung
			Selbstsicherheit
			Ausdauer
			Selbstschätzung
3	Gelbrot bedeutet		«Willensstoßkraft»
	und ist		ex-zentrisch
			autonom
			offensiv
			motorisch
			erobernd
		▷	wirkend
			Begehren
		▷	Erregung
4	Hellgelb bedeutet		«Gefühlslebhaftigkeit»
	und ist		ex-zentrisch
			heteronom
			erwartend
			entfaltend
			hoffend
		▷	suchend
			Veränderung
		▷	Erwartung

Con-zentrisch bedeutet «auf einen Mittelpunkt gerichtet». Obwohl diese Definition an die des Begriffes «Introversion» anklingt, ist nicht dasselbe gemeint. Vor einer Verwechslung sollte man sich hüten. Introvertierte, egozentrische Menschen sind zwar con-zentrisch, aber con-zentrische Menschen brauchen nicht notwendigerweise egozentrisch-introvertiert zu sein. Ein Mensch, der sich ständig anderen mitteilt, wird zu Unrecht als extrovertiert angesehen, aber wenn man feststellt, daß das Gespräch immer nur um seine Briefmarkensammlung, seine Familie, Frau und Kinder, seinen Beruf und seine Amerikareise kreist, dann enthüllt er eine con-zentrisch-egozentrische Einstellung, da er alle Dinge nur als Ausdehnung seiner selbst sieht. Andererseits kann sich ein ruhiger Mensch in völliger Konzentration con-zentrisch einem Anliegen oder einer Information widmen ohne jede Egozentrizität in vollem Realitätsbezug.

Ex-zentrisch bedeutet «nach außen gerichtet». Der exzentrische Mensch wirkt entweder auf seine Umwelt ein, oder er will Reize aus der Umwelt empfangen. Will er selbst auf die Umwelt einwirken, verhält er sich gegenüber seiner Umgebung autonom (=selbstbestimmend). Sucht er hingegen Umweltreize, so wird er von seiner Umwelt bestimmt und ist daher heteronom (=fremdbestimmt). Autonomie ist gleichbedeutend mit «Ursache sein», Heteronomie entspricht dagegen «Wirkung sein».

Grundfarbenpaare

Wenn Blau (1) und Grün (2) – beide con-zentrisch – zusammen im Testergebnis auftreten, wird con-zentrisch stark betont.

Grün (2) und Rot (3) sind beide autonom (selbstbestimmend, bewirkend). Wenn sie im Test zusammen auftreten, werden Initiative und Selbstbestimmung betont.

Rot (3) und Gelb (4) sind beide ex-zentrisch (aktiv) und außengerichtet. Wenn sie zusammenstehen, sind Wirkung und Erlebnisreize eine wichtige Eigenschaft.

Blau (1) und Gelb (4) sind beide heteronom (fremdbestimmt). Wenn sie als Paar auftreten, verstärkt sich die Fremdbestimmtheit und gefühlsbetonte Abhängigkeit.

Wenn ein solches Paar in derselben Funktion (beide +, ×, = oder —) vorkommt, liegt eine Betonung dieses Persönlichkeitszuges vor.

Die Grundfarben sollten bevorzugt werden

Die vier Grundfarben Blau, Grün, Rot und Gelb (1, 2, 3 und 4) sind besonders wichtig, da sie fundamentale psychische Bedürfnisse repräsentieren: Blau: das Bedürfnis nach Ruhe und Zufriedenheit; Grün: nach Selbstbehauptung; Rot: nach Aktivität und Erfolg; Gelb: nach Erwartung und zukunftsorientiertem Verlangen. Deshalb sollten die vier Grundfarben im Test auf den ersten vier oder fünf Plätzen erscheinen, wenn der Wählende gesund, ausgeglichen, konflikt- und repressionsfrei ist.

Die Modifikationsfarben

Die Modifikationsfarben Violett, Braun, Schwarz und Grau (5, 6, 7, 0) gehören einer anderen Kategorie an. Genaugenommen sind Schwarz und Grau überhaupt keine Farben: Schwarz ist die Negation der Farbe und das Grau des Tests ist vollkommen neutral und farblos. Violett ist eine Mischung aus Blau und Rot, Braun wird aus Orangerot und Schwarz gemischt und erscheint als dunkle, relativ unlebendige Farbe. Die Bevorzugung einer der drei Modifikationsfarben Schwarz, Grau oder Braun zeigt meist eine Störung.

Kapitel 3

Die Bedeutung der acht Farben

Jede der acht Farben des Tests wurde sorgfältig nach ihrer speziellen psychologischen und physiologischen Bedeutung – ihrer Struktur – in fünfjährigen experimentellen Vorversuchen unter 4500 Farbtönen ausgewählt. Ihre Bedeutung ist universell, sie ändert sich weder von einem Land zum anderen, noch von Jung zu Alt, von Mann zu Frau, von Gebildet zu Ungebildet oder von «Zivilisiert» zu «Unzivilisiert».

Viele sind gegen «psychologische Tests» voreingenommen, vor allem, wenn sie Antworten auf zahlreiche zeitraubende Fragen geben müssen oder aufgefordert werden, eine Fülle von Karten zu sortieren. Die bisherigen Erfahrungen mit dem Lüscher-Test zeigen, daß die Zahl derjenigen, die sich ablehnend verhalten, sehr gering ist. Der Test ist anziehend, läßt sich schnell durchführen und die Testpersonen sehen nicht ein, «warum sie sich etwas vergeben, wenn sie Farben auswählen». Möglicherweise würden sie ihre Meinung revidieren, wenn sie wüßten, wie enthüllend der Test tatsächlich ist.

Dieses Kapitel erklärt die Bedeutung der acht Farben im einzelnen und gibt so dem Benutzer des Tests die Möglichkeit, die Auswertung in den Tabellen zu erweitern.

Grau (0)

Grau (0) ist weder farbig noch hell, noch dunkel. Es ist vollkommen erregungslos und frei von jeder psychischen Tendenz. Grau ist als Neutralität keines von beiden, weder Subjekt noch Objekt, weder innen noch außen, weder Spannung noch Lösung. Grau ist kein belebbares Territorium, sondern Grenze schlechthin; die Grenze als Niemandsland, die Grenze als Kontur, als Trennungsstrich, als abstrakte Teilung, um Gegensätze zu gliedern, «grau ist alle Theorie» als Abstraktion.

Wer Grau, die Grenze, im Test an erster Stelle wählt, will sich nicht zu erkennen geben und alle Einflüsse abschirmen, um erregungsfrei zu sein. Bei starker Ermüdung (als Ausdruck der Abschirmung) und in der Examenssituation, weil man sich nicht zu erkennen geben will, wird Grau häufig vorgezogen. Wer Grau an letzter Stelle wählt, will alles in seine Grenze miteinbeziehen, was andere leicht als Einmischung empfinden können. Er findet Grau langweilig und verdrängt dessen leblose Stille an die letzte

Stelle der Reihe. Er bevorzugt alle affektvollen anderen Farben samt ihren gegensätzlichen Spannungen, weil sie erregendes Erleben ausdrücken. Wer Grau ablehnt, engagiert sich infolge der eigenen Erregungsbereitschaft und hat Angst, zu kurz zu kommen. Er will alle Möglichkeiten ausschöpfen, um ans Ziel und damit in den erregungsfreien Zustand zu gelangen. Wer Grau an zweiter Stelle wählt, teilt seine Welt einerseits in den kompensatorisch überschätzten Bereich, den die Farbe an erster Stelle repräsentiert, und andererseits in die gesamten nach Grau folgenden, abgewerteten oder aus Angst verdrängten Farben beziehungsweise Lebensmöglichkeiten.

Selbst wenn Grau an dritter Stelle steht, ist das Mißverhältnis zwischen den bejahten Farben vor der Grau-Grenze und den nachfolgenden Farben immer noch so spannungsvoll, daß die erste und zweite Stelle stets nur als Kompensationen zu bewerten sind. Farben, die bei wiederholter Testaufnahme einmal vor und einmal hinter Grau stehen, werden bald vor der Grau-Mauer exponiert und je nach dem augenblicklichen Stand des Konfliktes wieder hinter ihr verborgen. Solche das Grau begleitenden Farben sind konfliktgeladen, sofern Grau in der vorderen Hälfte der Reihe auftritt.

Grau hat nach der Statistik seinen durchschnittlichen Ort an der sechsten Stelle. Es kann sich unbedenklich auf die fünfte oder siebte Stelle verschieben. An allen anderen Stellen ist es auffällig. Bei Ermüdung und in Examenssituationen rückt es nach vorn.

Blau (1)

Dunkelblau repräsentiert erregungsfreie Ruhe. Beim Betrachten von Dunkelblau tritt eine vegetative Beruhigung ein. Puls, Blutdruck, Atmungsfrequenz und die Wachfunktionen werden verringert und trophotrop reguliert. Der Körper wird auf Schonung und Erholung eingestellt. Bei Erkrankung und Erschöpfung steigert sich das Bedürfnis nach Blau. Die Empfindsamkeit und Schmerzbereitschaft sind erhöht. Dunkelblau ist – wie jede der vier Grundfarben – die farbliche Repräsentation eines biologischen Grundbedürfnisses: physiologisch die Ruhe, psychologisch die Befriedigung. Befriedigung ist der Eintritt von Frieden und Zufriedenheit. Wer sich in diesem ausgeglichenen, spannungslos-harmonischen Zustand befindet, fühlt sich eingefügt, verbunden und geborgen. Darum repräsentiert Blau die Bindung rund um sich herum: die Verbundenheit. Auch der Volksmund weiß: «Blau ist die Treue.» Im Zustand der Verbundenheit ist man für Unterschiede besonders empfindsam. Daher entspricht Blau allen Arten von Empfindsamkeit.

Aus der Grundbedeutung des Blaus entfalten sich in zahllosen Facetten all die besonderen Bedeutungen und Möglichkeiten, von denen hier nur einige angedeutet werden. Blau als entspannte Empfindsamkeit ist die Voraussetzung für die Einfühlung, für ästhetisches Erleben und besinnliches Nachdenken.

Schelling benutzt in seiner ‹*Philosophie der Kunst*› lauter Blau-Symbole, wenn er sagt: «Die Stille ist der der Schönheit eigentümliche Zustand, wie die Ruhe dem ungestörten Meere.» Blau entspricht symbolisch dem ruhenden Wasser, dem phlegmatischen Temperament, dem Weiblichen, der linken Seite, der horizontalen Richtung, der Girlande in der Handschrift. Die blaue Geschmacksempfindung ist Süße (daher wurden schon die Zuckerhüte blau verpackt); die sinnliche Empfindung ist die Zärtlichkeit und ihr Organ die Haut. Bestimmte allergische Ekzeme können mit der gestörten Zärtlichkeits-, Liebes- oder Familienbeziehung zusammenhängen. Die dem Sanskrit verwandte Sprache Pâli bezeichnet das für die Meditation bevorzugte dunkle Blau mit dem einzigen Wort «nila». Dadurch kommt zum Ausdruck, daß man schon im alten Indien das dunkle Blau als einen besonders typischen Farbton empfunden hatte. Die deutsche Sprache besitzt für die biologische Grundstimmung, die durch Dunkelblau repräsentiert wird, den in andere Sprachen kaum übersetzbaren Begriff «Gemüt». Das dunkle Blau hat substantielle Fülle — von Fettsüchtigen wird es häufiger bevorzugt — und repräsentiert Befriedigung und Erfüllung. Es ist die selige Erfüllung des Ideals der Einheit (daher die blaue Blume der Romantik); es ist die urmütterliche Verbundenheit, die Treue und das Vertrauen, die Liebe und Hingabe (daher der blaue Mantel der Gottesmutter Maria). Blau repräsentiert die zeitlose Ewigkeit und daher auch die Tradition. Wird Dunkelblau als unsympathische Farbe im Test abgelehnt, so bleibt das Bedürfnis nach «Ruhe» und vertrauensvoller Bindung unbefriedigt. Die bestehenden, menschlichen oder beruflichen Bedingungen werden abgelehnt, weil sie dem erwarteten Ideal nicht entsprechen und als langweilig oder lähmend empfunden werden. Da die vorhandenen Bindungen den Wählenden belasten und deprimieren, bewertet er sie als Abhängigkeit, der er sich entziehen will.

Dunkelblau ablehnen bedeutet, daß man vor der entspannten Ruhe flieht, weil man glaubt, sich jetzt keine Ruhe leisten zu können, ohne auf Wichtiges verzichten zu müssen. Man ahnt, daß die entspannte Ruhe gerade jene Erschlaffung auslösen würde, vor der man — meist unbewußt — Angst hat. Eine Erschlaffung kann nämlich gerade in die Depression führen, der man entfliehen will. Für diese Menschen ist Blau nicht «ein reizendes Nichts», sondern ein drohendes Nichts; denn für sie ist das Grundbedürfnis der Bindung, welches durch Blau repräsentiert wird, in einer wesentlichen Beziehung nicht erfüllt; oft ist es die Beziehung zu einem Liebespartner; zuweilen die zur Arbeitsgemeinschaft oder auch zum Ort, an dem man leben muß. Wer auch immer Blau ablehnt, entbehrt «die befriedigende

Zugehörigkeit», die er benötigt. Dadurch entsteht die ruhelose und gespannte Unrast, das unstete Getriebensein und das Suchen nach Reizen, um die lauernde Erschlaffung oder gar Depression dieser sinn-leeren Lebensweise zu vermeiden.

Bei einer Untersuchung an 5000 Zigarettenrauchern zeigte sich eine überdurchschnittliche Ablehnung von Blau besonders bei den Rauchern von dunklen, würzigen Tabaken. Hier scheint der Reiz des Rauchens als Abwehr gegen Erschlaffung eingesetzt zu werden. Bei den übersteigerten Reizeinflüssen (zum Beispiel Fernsehen) und dem unsteten, unruhigen Verhalten leidet auch die Konzentrationsfähigkeit, was sich besonders bei Kindern als Lernschwierigkeit äußert. Die Dauererregung kann bei Erwachsenen zu nervösen Organbeschwerden führen.

Das verdrängte Dunkelblau als unbefriedigte Gemütsbindung kann als Kompensation die Bevorzugung von Grün bewirken. Da Grün Selbstbehauptung bedeutet, entsteht daraus ein stolzer, oppositioneller Unabhängigkeitsanspruch, der oft bei Jugendlichen, die sich aus der Familienbindung lösen wollen, anzutreffen ist.

Das abgelehnte Dunkelblau – als Angst vor der Ruhe – erzeugt aber auch vielfach die Kompensation mit Rot, das «Begehren nach erregenden Erlebnissen» bedeutet. Wenn die unbefriedigte Gemütsbindung zur Kompensation Rot als «benötigtes Mittel» an der ersten Stelle einsetzt, so entsteht dadurch die «leidenschaftliche», sexuelle Betäubung.

Nicht selten verlangt das abgelehnte Blau nach der Kompensation durch Gelb. Gelb bedeutet «einen befreienden Ausweg suchen». Die bedrückende, unbefriedigte Gemütsbindung verlangt hier vor allem nach einer Erleichterung, um die Depression zu verdrängen. Die unbefriedigte Empfindsamkeit wird zum rastlosen Suchen nach einer Lösung. Sie ist nicht nur eine Loslösung von der Verletzbarkeit des Gemütes, sondern auch ein Suchen nach befriedigender Harmonie, das sich unter vielen anderen Möglichkeiten als Suchen nach weltanschaulichem Verständnis oder als mathematische Denkweise äußern kann.

Nach dem statistischen Durchschnitt wird Blau auffällig, wenn es nicht an erster bis vierter Stelle steht.

Grün (2)

Grün (2) mit einer Blautönung wurde Testfarbe für den physiologischen Zustand der Spannung. Spannung äußert sich psychologisch als Willensspannung zum Zweck der Beharrung. Blaugrün ist Ausdruck der Festigkeit, der Härte und vor allem der Defensive gegenüber aller Veränderung. Daher repräsentiert es die Konstanz, sowohl im Ich-Bewußtsein als Standpunkt vertretendes, bewertendes Ich als auch in allen Formen der Selbstbehauptung und des Besitzens. Der Besitz soll die Sicherheit und besonders die Selbstsicherheit erhöhen. Darum weist Grün, wenn es an erster Stelle steht, darauf hin, daß der Wählende seine Selbstsicherheit steigern will, sei es durch Selbstbestätigung, um am idealisierten Ich-Bild festzuhalten, oder als Bestätigung, die er von anderen erwartet, indem er mit irgendwelchem Besitz finanzieller, körperlicher oder bildungsmäßiger Art imponieren will. Grün als Spannung staut Erregungen und erzeugt dadurch das Gefühl der stolzen Überlegenheit, der Macht und das Gefühl, verfügen oder wenigstens verwalten zu können. Die Erregungsstauung führt zu zahllosen Formen und Stufen des Verwaltens. Dazu gehören nicht nur die Steuerung der Triebe, sondern auch das genaue Kontrollieren, Registrieren und Erinnern, die klare Disposition, die kritische Analyse und konsequente Logik bis zum abstrahierenden Formalismus. Die «grüne» Haltung kann sich auch im Besitzenwollen von Gesundheit und eines langen oder besseren Lebens und daher als Reformertum äußern. Der Grün-Wählende fällt aber meist dadurch auf, daß er seine Ansichten – oft mit der Rechtfertigung, Prinzipien zu vertreten – unbedingt durchsetzen will. Dabei idealisiert er sich und moralisiert die anderen.

Wer Grün an erster Stelle wählt, will imponieren. Er benötigt Anerkennung und will sich gegen Widerstände behaupten. Wer Grün an siebter oder achter Stelle wählt, will dasselbe, aber er ist durch den Widerstand zermürbt und fühlt sich durch den Mangel an Anerkennung gedemütigt. Er leidet unter der Spannung, die – außer bei körperlicher Schwäche – durch die eigenen Forderungen entstanden ist. Er empfindet sie als Widerstand, als Druck (zum Beispiel bei pektanginösen Beschwerden), als Härte und Zwang, denen er auszuweichen versucht.

Grün an siebter oder achter Stelle bedeutet «sich befreien von Druck und Zwang». Der Verlust der eigenen Widerstandskraft und Ausdauer und allein schon die Angst vor dem eigenen Versagen, daß sie zur kompensatorischen Projektion der Schuld auf andere und zu deren Geringschätzung führt.

Das abgelehnte Grün wird oft mit Blau an erster Stelle kompensiert, weil es Beruhigung und Entspannung bringen soll. Solche Menschen suchen eine friedliche Geborgenheit, wo sie Schonung finden und sich nicht zu behaupten brauchen.

Zuweilen wird das abgelehnte Grün mit Rot an erster Stelle kompensiert. Da Rot «Erregung» bedeutet und das abgelehnte Grün eine unverträgliche Spannung ausdrückt, die zu Ungeduld und zum Verlust der Selbstbeherrschung führt, ergibt sich daraus eine Impulsivität, die Krampfanfälle mit Bewußtseinstrübungen auslösen kann.

Die unerträgliche Spannung wird oft auch mit der Bevorzugung von Gelb als dem Suchen nach einer befreienden Lösung kompensiert. Diese Flucht in die «Freiheit» ist ein Versuch, die Verkrampfung und den meist selbst verursachten Zwang mit seinen krankmachenden Folgen zu lösen. Die Kompensation bleibt aber fiktiv und führt nur zu Ersatzbetätigungen, wie zum Beispiel die Vorliebe für Reisen und Fliegen.

Grün wird auffällig, wenn es nicht an zweiter bis vierter Stelle steht.

Rot (3)

Rot (3) repräsentiert mit der Beimischung von Gelb den ergotropen physiologischen Zustand. Rot erhöht Puls, Blutdruck und Atemfrequenz. Rot ist Ausdruck der Vitalkraft und der vegetativen Erregungshöhe. Dadurch hat es die Bedeutung des Begehrens und aller Formen des Appetits. Rot ist der Drang, Wirkungen zu erzielen, Erfolg zu erobern und hungrig zu begehren, was Intensität und Erlebnisfülle bieten. Rot ist Impuls, vitaler Eroberungswille und Potenz von der sexuellen Triebkraft bis zur revolutionären Umgestaltung. Rot ist der Impuls zu motorischem Tun, zu Sport, Kampf und unternehmerischer Produktion. Rot ist «Willensstoßkraft» im Gegensatz zu Grün als «Willensspannkraft». Zeitlich entspricht Rot der Gegenwart, symbolisch der kraftvollen Männlichkeit, den aufstrebenden und phallischen Formen und dem Feuer als geistiger Entzündung, zum Beispiel den Flammen des Pfingstgeistes. Rot will durchdringen, umgestalten und erobern. Rot als sexuelles Begehren und Blau als zärtliche Befriedigung ergänzen sich zur erotischen Harmonie.

Steht Rot an erster Stelle, so will der Wählende durch sein Wirken erregende Intensität erleben. Steht Rot an siebter oder achter Stelle, so empfindet er die erregende Intensität des Rot als aufregend und bedrohlich, weil er sich durch den Mangel an Vitalkraft – zum Beispiel bei Erschöpfung und Herzinsuffizienz – oder durch quälende Konflikte angegriffen fühlt. Rot an siebter oder achter Stelle bedeutet «sich vorsehen vor schwächender Aufregung». Als kompensatorisch «benötigtes Mittel» tritt meist Blau an erster Stelle auf, weil eine betäubende Beruhigung erforderlich ist. Dabei wird die «blaue» Bindung oft zur masochistischen Anklammerung mit dem Gefühl, durch Liebesversagungen gequält zu werden.

Selten findet man Tests, bei denen Rot abgelehnt und Grün bevorzugt wird, denn im Zustand der Hilflosigkeit wird man nur kurzfristig imstande sein, sich mit «grüner» Willensspannung zu behaupten. Immerhin kommen diese Wahlen zum Beispiel dann vor, wenn ein Patient vegetative Störungen mit dem Willen bewältigen will.

Häufiger wird Gelb an erster Stelle zur Kompensation der schwächenden Aufregung gewählt. Gelb bedeutet «Suchen nach einem befreienden Ausweg». Auch diese Wahlen sind oft kurzfristig, denn sie geben das Bild der Verzweiflung wieder.

Rot wird auffällig, wenn es nicht an erster bis dritter Stelle steht.

Gelb (4)

Gelb (4) ist die hellste bunte Farbe und wirkt dadurch leicht und heiter. Weil Rot dichter und massiver als Gelb erscheint, ist es erregend. Weil Gelb leichter, viel dünner und schwereloser als Rot erscheint, ist es anregend. Dementsprechend erhöht es die vegetativen Funktionen Puls, Blutdruck und Atemfrequenz ähnlich wie Rot, aber meßbar labiler. Hauptcharakteristikum von Gelb ist die das Licht reflektierende und daher nach allen Seiten ausstrahlende Helligkeit, die schwerelose Heiterkeit. Gelb entspricht der ungehemmten Ausweitung: der Lösung. Im Gegensatz zu Blaugrün, das die Kontraktion von der Spannung bis zum Krampf wiedergibt, repräsentiert Gelb die Lösung und die Dilatation. Psychologisch bedeutet die Lösung eine Erlösung von Schwerem, Bedrückendem oder Hemmendem.

Wenn Gelb an erster Stelle gewählt wird, dann zeigt es den Wunsch nach Befreiung und die Hoffnung oder Erwartung von Glück. Die Glückserwartung in all den zahllosen Formen vom sexuellen Abenteuer bis zu den Ideologien, die einen idealen Endzustand verkünden, sind immer zukunftsgerichtet. Gelb drängt immer vorwärts, auf das Neue, das Moderne, in die Zukunft.

Immer wenn in der Acht-Farbenreihe die Farben Grün und Gelb nebeneinanderstehen und eine Gruppe bilden, sind Spannung und Lösung zum Zwecke der unmittelbaren Spannungslösung und des neutralisierenden Spannungsausgleiches zusammengeschlossen. Wer Grün und Gelb bevorzugt, braucht eine sofortige Bestätigung; er will gewürdigt werden. Mit hoher Spannung beobachtet er, ob die erwartete Anerkennung und Bestätigung entgegengebracht wird, so daß sich die Spannung (+ Grün) lösen (+ Gelb) kann.

Grün ist Beharrung; Gelb ist Veränderung. Grün ist Spannung; Gelb ist Lösung. Zwischen diesen Polen liegen die Konflikte, die aus der Unzufriedenheit erwachsen. Hier kämpfen der «grüne» Ehrgeiz, die Selbstbestätigung und der Prestigeanspruch gegen das «gelbe» glückerwartende Erlebnisstreben. Erringt Grün die Vorherrschaft, so wird auch die glatte Muskulatur dem ständigen Zwang unterworfen, so daß sich die Spasmen im Magen-Darm-Gallesystem oder im Herz-Kreislaufsystem als pathologische Störungen äußern können. Weil die Spannung unerträglich ist, wird Grün von solchen Kranken meist abgelehnt, während Gelb aus dem Wunsch, die Verkrampfung zu lösen, kompensatorisch bevorzugt wird.

Wenn Gelb an siebter oder achter Stelle steht, so sind die Hoffnungen enttäuscht. Man steht vor einer Leere und fühlt sich isoliert. Aus dem Ernst der Stimmung wird dann die Helligkeit und substanzlose Leichtigkeit des Gelb als Leere und gleisnerische Oberflächlichkeit empfunden. Weil durch die Enttäuschung die Erwartungsspannung zu keiner Lösung kommen kann, tritt eine Überreizung ein. Daher wird Geld als grell abgelehnt. Die Überreizung äußert sich als Gereiztheit, Ärger, Mißmut und Mißtrauen. Wenn man ermißt, daß viele Menschen ihr Interesse am Leben aus Erwartungen und Hoffnungen nähren, so kann man ahnen, welche verheerende Wirkung die Hoffnungslosigkeit hat, die das abgelehnte Gelb — wenigstens für einen wesentlichen Teilbereich des Lebens — als ängstigende Entbehrung aufdeckt.

Gelb an siebter oder achter Stelle bedeutet «sich bewahren vor Enttäuschung, vor Verlust und Isoliertheit».

Die Kompensationen sind vielgestaltig. Häufig wird Blau an erster Stelle gewählt. Es zeigt, daß Ruhe und Bindung als Mittel zur Befriedigung benötigt werden. Abgelehntes Gelb bei bevorzugtem Blau spiegelt die Anklammerung wider, die bei vielen Menschen zu finden ist. Diese Art von Liebe ist oft durch masochistische Züge geprägt.

Die Hoffnungslosigkeit kann auch durch das Streben nach Sicherheit und Bestätigung kompensiert werden. In diesem Fall steht Grün als benötigtes Mittel an erster Stelle.

Steht Rot an erster Stelle, so sollen möglichst intensive Erlebnisse, insbesondere die sexuelle Betäubung, die Enttäuschung und Isoliertheit vergessen lassen.

Gelb ist auffällig, wenn es nicht an zweiter bis fünfter Stelle steht.

Violett (5)

Violett (5) ist die Mischfarbe von Rot und Blau. Violett versucht, den Gegensatz von Rot als impulsivem Erobern und Blau als zärtlicher Hingabe zu einer Einheit zu verschmelzen und ist daher der Ausdruck der Identifikation. Diese Identifikation ist eine «participation mystique», eine hochsensible Einfühlung, die zur Eins-Fühlung wird, so daß alles, was ich denke und will, der Wirklichkeit entsprechen muß. Diese Macht heißt Zauberei, Magie, und genau das ist die Bedeutung des Violett. Wer Violett bevorzugt, möchte eine magische Beziehung eingehen. Er wünscht bezaubert zu werden, aber er möchte auch selbst einen Zauber und suggestiven Charme ausüben, denn in der magischen Identifikation ist der Subjekt-Objekt-Gegensatz aufgehoben. Violett kann Identifikation als erotische Verschmelzung oder als intuitiv-sensibles Verstehen sein. Es kann aber auch einfach Einheit als Undifferenziertheit und schwebende Unentschiedenheit bedeuten. So ergab die Testung von 1600 Schulkindern vor der Pubertät eine Bevorzugung von Violett bei 75 Prozent. Die Statistik über 1000 Perser, über Gio- und Tanganjikaneger und über zentralbrasilianische Indianer zeigt signifikante Vorlieben für Violett. Auch hormonale Wirkungen scheinen zur Bevorzugung von Violett zu führen, wie Untersuchungen bei Frauen während der Schwangerschaft (Erbslöh), wie die Tests bei Schilddrüsendysfunktionen und die Farbwahlen bei Homosexualität gezeigt haben.

Wird Violett an achter Stelle gewählt, so wird der Wunsch zur sensiblen, erotischen Verschmelzung, zur Magie der Identifikation mit einem Partner als Geheimnis verborgen, weil die Voraussetzungen nicht gegeben sind. Daraus entstehen eine zwar oft nicht gezeigte Reserviertheit und das Bestreben, möglichst geklärte Beziehungen zu schaffen. Dagegen werden die Sensibilität der Einfühlung und das Bedürfnis nach magischer Faszination auf solche Objekte projiziert, die ästhetisches Urteilen und Gestalten erfordern und oft zur beruflichen Aufgabe gemacht werden.

Violett ist unauffällig, wenn es an dritter bis siebter Stelle steht und wenn es bei Schwangerschaft oder vor der Pubertät schon an erster oder zweiter Stelle steht.

Braun (6)

Braun (6) ist ein verdunkeltes Gelbrot. Die impulsive Vitalkraft des Rot ist bei Braun durch die Verdunklung getrübt, gedämpft, beruhigt oder «gebrochen», wie der Maler sagt. Braun hat den expansiv wirkenden Impuls, die aktive vitale Kraft des Rot eingebüßt. Das Vitale ist nicht mehr aktiv wirkend, sondern passiv empfindend. Braun repräsentiert die vitale, sinnliche Empfindung. Die Stellung des Braun gibt deshalb Auskunft über die Einstellung zur vitalen Körperempfindung. Steht Braun in der Indifferenz, an fünfter, sechster oder siebter Stelle, wo es auch statistisch am häufigsten vorkommt, so ist die vitale Empfindung des Körpers «aufgehoben», denn der gesunde und befriedigte Körper wird nicht empfunden. Steht Braun aber in der ersten Hälfte der Reihe oder sogar an den ersten beiden Stellen, so besteht ein gesteigertes Bedürfnis nach Erholung durch Behaglichkeit und sinnlicher Befriedigung. Dann wird Braun bevorzugt, weil es der problemlosen, konfliktfreien Gemütlichkeit entspricht.

Wenn Braun an achter Stelle steht, dann wird seine spannungslose Gemütlichkeit abgelehnt. Braun wird als die stumpfsinnige Banalität des Massenmenschen empfunden, aus der sich der Wählende als Individualist herausheben will. Darunter leidet die sinnliche Genußfähigkeit, so daß ein Defizit entsteht, das Kompensationen bis zur sexuellen Zwangsvorstellung verursacht.

Braun wird auffällig, wenn es nicht an fünfter bis siebter Stelle steht.

Schwarz (7)

Schwarz (7) ist die dunkelste Farbe. Im Schwarz vollendet sich die konzentrische Richtung der dunklen Farben bis zum endgültigen Schlußpunkt. Schwarz ist die absolute Grenze, an der das Leben aufhört. Darum drückt Schwarz die Idee des Nichts aus. Schwarz ist die Verneinung gegenüber der Bejahung, die in Weiß als absoluter Freiheit (daher Makellosigkeit) ihre höchste Steigerung erreicht. Die Fahnen der anarchistischen und nihilistischen Verbände waren schwarz.

Schwarz gibt die Stauung, Abwehr und Verdrängung von Reizeinflüssen wieder. Schwarz bedeutet daher Verzicht. Wer Schwarz an erster Stelle wählt, will aus trotzigem Protest verzichten. Er lehnt sich gegen sein Schicksal auf.

Wer Schwarz an zweiter Stelle wählt, glaubt auf alles verzichten zu können, wenn er erzwingen kann, was die Farbe der ersten Stelle vor Schwarz ausdrückt. Wenn zum Beispiel Rot an erster Stelle vor Schwarz steht, so sollen ungehemmte Erlebnisse die Entbehrungen kompensieren. Steht Blau vor Schwarz, so soll die spannungslose Ruhe die gestörte Harmonie wiederherbeiführen. Steht Grau vor Schwarz, so soll die totale Abschirmung den unerträglichen Zustand überwinden helfen.

Wer Schwarz an achter Stelle wählt, wo es statistisch am häufigsten vorkommt, will nicht verzichten. Verzicht bedeutet für ihn Entbehrung und ein ängstigendes Defizit. Da er kaum verzichten kann, läuft er Gefahr, überfordernde Ansprüche zu stellen.

KAPITEL 4

Farbenpaare als Gruppen

Es ist sehr lohnend, wenn man den Test wiederholt, entweder nach wenigen Minuten oder – wenn man die Entwicklung verfolgen will – einige Wochen oder Monate später. Der Test sollte, ähnlich wie man das Körpergewicht oder den Blutdruck von Zeit zu Zeit überprüft, zur Kontrolle des psychischen Zustandes wenigstens dann wiederholt werden, wenn man sich in einer außergewöhnlichen Verfassung befindet.

Zu diesem Zweck soll unter die Rangfolge der ersten Testaufnahme die Rangfolge der zweiten, späteren Acht-Farbenreihe geschrieben werden z. B.:

a) 3 4 2 5 1 6 0 7
b) 4 3 5 2 1 6 7 0

Zwei Farbziffern, die in beiden Rangfolgen nebeneinander stehenbleiben – selbst wenn die beiden Ziffern vertauscht sind –, bilden eine Gruppe. Sie verbinden sich vergleichsweise wie zwei Atome zu einem Molekül. Die beiden Ziffern einer Gruppe werden eingekreist:

a)	(34)	(25)	(16)	(07)
b)	(43)	(52)	(16)	(70)
	+ +	× ×	= =	— —

Mit Hilfe der Gruppenbildung kann man die Funktionen (+, ×, =, –,) den Farben genauer zuordnen.

Zur Bestimmung der Funktionszeichen gilt folgende Regel:

Die erste Gruppe oder Einzelziffer ist	+
Die zweite Gruppe oder Einzelziffer ist	×
Die letzte Gruppe oder Einzelziffer ist	—
Die ganze verbleibende Mitte ist	=

Beispiel

a)	3	(4	2)	(5	1)	(6	0)	7
b)	3	(2	4)	(5	1)	(0	6)	7
	+	×	×	=	=	=	=	—

Sind die Rangfolgen so unterschiedlich, daß sich kaum Gruppen bilden lassen, so wird jede für sich allein ausgewertet.

Prognose: Weist die zweite Rangfolge Deutungen mit weniger Sternen (*) auf, so ist die Prognose günstig.

Strukturelle Bedeutung der Farbenpaare

Jede Gruppe von zwei Farben besitzt eigene strukturelle Bedeutung, unabhängig von ihrer Stellung in der Reihe. Die funktionelle Deutung der ihr entsprechenden Haltungen oder Eigenschaften verändert sich natürlich, je nachdem ob es sich um eine +, ×, = oder — Gruppe handelt.

56 dieser Paare sind möglich. Die kurze Beschreibung dieser 56 strukturellen Gruppen trägt zum tieferen Verständnis der Grundsätze bei, auf die die knappen Deutungen der Tabellen aufbauen.

Die Bedeutung der Gruppen enthält offensichtlich zwei Faktoren: zum Beispiel haben sowohl 0 3 (grau/rot) als auch 3 0 (rot/grau) die Bedeutung «Impulsivkraft», aber die Art und Weise, in der diese Impulsivkraft sich manifestiert, ist in beiden Fällen verschieden. Dies gilt auch für andere Paare, besonders wenn sie die Farbe 0 (grau) enthalten. Der Stellenwert, den wir als Funktion bezeichnen (+, ×, = oder —), modifiziert natürlich die funktionelle Bedeutung der Gruppe.

+ als Kennzeichen bedeutet:	Will haben oder sein.
× als Kennzeichen bedeutet:	Ist oder fühlt sich in dieser Situation.
= als Kennzeichen bedeutet:	Dieses Verhalten ist im Augenblick unpassend, es ist aber latent vorhanden.
— als Kennzeichen bedeutet:	Will nicht oder kann nicht, weil es in dieser Situation und unter diesen Umständen ein Nachteil wäre, dieses Bedürfnis auszuleben.

Für unser Beispiel 0 3 (grau/rot) folgt daraus:

0 3 + +	Möchte sich befreien und seinen Impulsen folgen und möchte handeln können, wie es ihm gefällt.

o 3 × ×	Handelt impulsiv. Mit unerwarteten impulsiven Reaktionen muß man rechnen.
o 3 = =	Zu impulsivem Handeln bestehen weder Lust noch Anlaß.
o 3 — —	Das Bedürfnis nach (aggressiven oder sexuellen) impulsiven Handlungen wird unterdrückt oder ist gehemmt und wird meist nur in der Vorstellung ausgelebt.

Bedeutung der Farbkombinationen

Formulierungen für die Funktion +

Für die ×, = und — Positionen müssen die Formulierungen entsprechend umfunktioniert werden.

0 **1** **Grau** **Blau**	*Ruhe-Pause* Abschirmung (Grau) und Ruhe (Blau) steigern sich zu einer längeren Pause, die frei von erregenden Einflüssen sein soll.
0 **2** **Grau** **Grün**	*Distanzierende Selbstbehauptung* Grau hat mit Grün die Verhaltenheit gemeinsam. Grau betont die soziale Distanz und Reserviertheit. Grün zeigt, daß diese Haltung zur Selbstbehauptung eingenommen wird.
0 **3** **Grau** **Rot**	*Impulsivität* Grau und Orangerot sind unmittelbare Gegensätze. Die reglose Unbestimmtheit des Grau kann plötzlich von der explosiven Erregung des Orangerot durchbrochen werden. Umgekehrt schirmt Grau das impulsive Rot für längere Zeit ab.
0 **4** **Grau** **Gelb**	*Unbestimmtheit* Mit der reglosen Unbestimmtheit des Grau verbindet sich die richtungs- und ziellose Erregtheit des Gelb.
0 **5** **Grau** **Violett**	*Behutsames Feingefühl* Grau als Vorsicht verbindet sich mit Violett, das die Sensibilität repräsentiert.
0 **6** **Grau** **Braun**	*Schlaffheit* Grau als reglose Unbestimmtheit verbindet sich mit dem dumpfen Braun. Die Kombination zeigt die Abwendung von intellektuellen Spannungen zugunsten der leiblichen Erholung.
0 **7** **Grau** **Schwarz**	*Isolierende Distanz* Das distanzierende Grau steigert sich mit dem Unbedingten, dem negierenden Schwarz, zur unüberbrückbaren Mauer.

1 0
Blau Grau

Ruhe-Pause
Abschirmung (Grau) und Ruhe (Blau) steigern sich zu einer längeren Pause, die frei von erregenden Einflüssen sein soll.

1 2
Blau Grün

Subtile Kontrolle
Die Ruhe (Blau) wird durch die gespannte Selbstbehauptung (Grün) aufrechterhalten.

1 3
Blau Rot

Gemütvolle Aktivität
Die gemüthafte Ruhe (Blau) wird durch die Aktivität (Rot) ergänzt und zur Harmonie gestaltet.

1 4
Blau Gelb

Gefühlsabhängigkeit
Das gefühlstiefe Blau schlägt in das gefühlslebhafte Gelb um, ohne daß die Selbstbehauptung (Grün) steuernd dazwischentritt.

1 5
Blau Violett

Erotische Empfindsamkeit
Das gefühlstiefe Blau und das ästhetisch-sensible Violett steigern sich zu einer gefühlsbetonten, erotischen Empfindsamkeit.

1 6
Blau Braun

Behagliches Verweilen
Die ruhige Gefühlsbindung (Blau) steigert sich mit dem sinnlich warmen Braun zur Anhänglichkeit und dem Drang nach Befriedigung.

1 7
Blau Schwarz

Absolute Ruhe
Die Ruhe (Blau) wird durch Schwarz zur absoluten (kataleptischen) Regungslosigkeit gesteigert.

2 0 Grün Grau

Distanzierende Selbstbehauptung
Grau hat mit Grün die Verhaltenheit gemeinsam. Grau betont die soziale Distanz und Reserviertheit. Grün zeigt, daß diese Haltung zur Selbstbehauptung eingenommen wird.

2 1 Grün Blau

Subtile Kontrolle
Die Ruhe (Blau) wird durch die gespannte Selbstbehauptung (Grün) aufrechterhalten.

2 3 Grün Rot

Willensabsicht
Der Wille, sich zu behaupten (Grün), steigert sich mit dem aktiven Rot zum Willen, die eigene Absicht durchzusetzen.

2 4 Grün Gelb

Wachsame Anspruchshaltung
Die Selbstbehauptung (Grün) und die Erwartungsspannung (Gelb) bewirken, daß man lauernd auf dem Sprunge ist.

2 5 Grün Violett

Charmante Selbstbehauptung
Die sensible Identifikation (Violett) und der gleichzeitige Anspruch, sich zu behaupten (Grün), beschreiben die Taktik einer narzißtischen Selbstbehauptung durch eine gewinnende Anpassung.

2 6 Grün Braun

Behaglichkeitsforderung
Die gespannte Selbstbehauptung (Grün) ist mit dem gegensätzlichen Braun, das leibliche Behaglichkeit bedeutet, kombiniert. «Ich» und «Es» werden zum Komplex, zur stolzen Resignation oder zur schizoiden Notbremse.

2 7 Grün Schwarz

Eigenwilliger Geltungsanspruch
Die Selbstbehauptung (Grün) wird durch die zwanghafte Forderung (Schwarz) übersteigert.

3 0
Rot Grau

Impulsivität
Grau und Orangerot sind unmittelbare Gegensätze. Die reglose Unbestimmtheit des Grau kann plötzlich von der explosiven Erregung des Orangerot durchbrochen werden. Umgekehrt schirmt Grau das impulsive Rot für längere Zeit ab.

3 1
Rot Blau

Gemütvolle Aktivität
Die gemüthafte Ruhe (Blau) wird durch die Aktivität (Rot) ergänzt und zur Harmonie gestaltet.

3 2
Rot Grün

Willensabsicht
Der Wille, sich zu behaupten (Grün), steigert sich mit dem aktiven Rot zum Willen, die eigene Absicht durchzusetzen.

3 4
Rot Gelb

Wirkungsentfaltung
Der Erlebnisdrang (Rot) steigert sich durch die Erwartungshaltung (Gelb) zur extensiven Wirkungsentfaltung.

3 5
Rot Violett

Sensibilisierte Erregtheit
Die Erregung (Rot) wird durch die Bereitschaft zu sensiblen Reizen (Violett) zu einem fieberhaften, erotisierenden Engagement gesteigert.

3 6
Rot Braun

Sinnlicher Erlebnisdrang
Der Erregungsimpuls (Rot) wird durch das leibliche Behagen (Braun) zum sinnlichen Erlebnisdrang gesteigert.

3 7
Rot Schwarz

Forciertes Begehren
Der Erregungsimpuls (Rot) wird durch den unbedingten Anspruch (Schwarz) zu einem impulsiven und zwanghaften Erlebnisdrang gesteigert.

4 **0**		*Unbestimmtheit*
Gelb	Grau	Mit der reglosen Unbestimmtheit des Grau verbindet sich die richtungs- und ziellose Erregtheit des Gelb.
4 **1**		*Gefühlsabhängigkeit*
Gelb	Blau	Das gefühlstiefe Blau schlägt in das gefühlslebhafte Gelb um, ohne daß die Selbstbehauptung (Grün) steuernd dazwischentritt.
4 **2**		*Wachsame Anspruchshaltung*
Gelb	Grün	Die Selbstbehauptung (Grün) und die Erwartungsspannung (Gelb) bewirken, daß man lauernd auf dem Sprunge ist.
4 **3**		*Wirkungsentfaltung*
Gelb	Rot	Der Erlebnisdrang (Rot) steigert sich durch die Erwartungshaltung (Gelb) zur extensiven Wirkungsentfaltung.
4 **5**		*Illusionsbereitschaft*
Gelb	Violett	Die unbekümmerte (Gelb) Reizlust (Violett) äußert sich als Phantastik oder erotische Sensibilität, Flirt.
4 **6**		*Sich gehenlassen*
Gelb	Braun	Unbekümmerte Bereitschaft (Gelb) zu leiblichem, sinnlichem Behagen (Braun).
4 **7**		*Abrupte Wendung*
Gelb	Schwarz	Die als Lösung empfundene Befreiung (Gelb) wird mit unvermittelter Heftigkeit erzwungen (Schwarz). Der «Blitz aus heiterem Himmel».

5 0
Violett Grau

Behutsames Feingefühl
Grau als Vorsicht verbindet sich mit Violett, das die Sensibilität repräsentiert.

5 1
Violett Blau

Erotische Empfindsamkeit
Das gefühlstiefe Blau und das ästhetisch-sensible Violett steigern sich zu einer gefühlsbetonten, erotischen Empfindsamkeit.

5 2
Violett Grün

Charmante Selbstbehauptung
Die sensible Identifikation (Violett) und der gleichzeitige Anspruch, sich zu behaupten (Grün), beschreiben die Taktik einer narzißtischen Selbstbehauptung durch eine gewinnende Anpassung.

5 3
Violett Rot

Sensibilisierte Erregtheit
Die Erregung (Rot) wird durch die Bereitschaft zu sensiblen Reizen (Violett) zu einem fieberhaften, erotisierenden Engagement gesteigert.

5 4
Violett Gelb

Illusionsbereitschaft
Die unbekümmerte (Gelb) Reizlust (Violett) äußert sich als Phantastik oder erotische Sensibilität und Flirt.

5 6
Violett Braun

Zärtlichkeit
Die erotische, sensible Reizbereitschaft (Violett) verbindet sich mit der sinnlich-behaglichen Körperempfindung (Braun) zur Zärtlichkeit.

5 7
Violett Schwarz

Identifikationsanspruch
Die Sehnsucht nach einer magischen, sensibel-erotischen Übereinstimmung (Violett) wird zu einem absoluten Anspruch übersteigert (Schwarz).

6 0

Braun Grau

Schlaffheit
Grau als reglose Unbestimmtheit verbindet sich mit dem dumpfen Braun. Die Kombination zeigt die Abwendung von intellektuellen Spannungen zugunsten der leiblichen Erholung.

6 1

Braun Blau

Behagliches Verweilen
Die ruhige Gefühlsbindung (Blau) steigert sich mit dem sinnlich warmen Braun zur Anhänglichkeit und dem Drang nach Befriedigung.

6 2

Braun Grün

Behaglichkeitsforderung
Die gespannte Selbstbehauptung (Grün) ist mit dem gegensätzlichen Braun, das leibliche Behaglichkeit bedeutet, kombiniert. «Ich» und «Es» werden zum Komplex, zur stolzen Resignation oder zur schizoiden Notbremse.

6 3

Braun Rot

Sinnlicher Erlebnisdrang
Der Erregungsimpuls (Rot) wird durch das leibliche Behagen (Braun) zum sinnlichen Erlebnisdrang gesteigert.

6 4

Braun Gelb

Sich gehenlassen
Unbekümmerte Bereitschaft (Gelb) zu leiblichem, sinnlichem Behagen (Braun).

6 5

Braun Violett

Zärtlichkeit
Die erotische, sensible Reizbereitschaft (Violett) verbindet sich mit der sinnlich-behaglichen Körperempfindung (Braun) zur Zärtlichkeit.

6 7

Braun Schwarz

Selbstbetäubung
Die sinnliche Behaglichkeit (Braun) wird als unbedingte Forderung (Schwarz) übersteigert.

7 **Schwarz**	**0** **Grau**	*Isolierende Distanz* Das distanzierende Grau steigert sich mit dem Unbedingten, dem regierenden Schwarz zur unüberbrückbaren Mauer.
7 **Schwarz**	**1** **Blau**	*Absolute Ruhe* Die Ruhe (Blau) wird durch Schwarz zur absoluten (kataleptischen) Regungslosigkeit gesteigert.
7 **Schwarz**	**2** **Grün**	*Eigenwilliger Geltungsanspruch* Die Selbstbehauptung (Grün) wird durch die zwanghafte Forderung (Schwarz) übersteigert.
7 **Schwarz**	**3** **Rot**	*Forciertes Begehren* Der Erregungsimpuls (Rot) wird durch den unbedingten Anspruch (Schwarz) zu einem impulsiven und zwanghaften Erlebnisdrang gesteigert.
7 **Schwarz**	**4** **Gelb**	*Abrupte Wendung* Die als Lösung empfundene Befreiung (Gelb) wird mit unvermittelter Heftigkeit erzwungen (Schwarz). Der «Blitz aus heiterem Himmel».
7 **Schwarz**	**5** **Violett**	*Identifikationsanspruch* Die Sehnsucht nach einer magischen, sensibel-erotischen Übereinstimmung (Violett) wird zu einem absoluten Anspruch übersteigert (Schwarz).
7 **Schwarz**	**6** **Braun**	*Trieb-Anspruch* Die sinnliche Behaglichkeit (Braun) wird als unbedingte Forderung (Schwarz) gestellt.

Kapitel 5

Auswertung des Tests

Ein warnendes Wort

Niemand ist gekränkt, wenn man ihn lobt, daß er ein toller Bursche sei. Aber manche Testauswertungen besagen, daß nicht alles zum besten steht. Die Absicht und der Zweck des Lüscher-Tests ist es nicht, die Mitmenschen zu kritisieren oder Triumphe der Überlegenheit über ihre Schwächen zu feiern, sondern sie zu verstehen, um ihnen wirksam zu helfen. So sind alle Auswertungstexte abgefaßt. Sie sind in fünfundzwanzigjähriger Arbeit mit äußerster Sorgfalt ausgearbeitet worden. Jedes Wort ist nach seiner genauen Bedeutung ausgewählt. Hat man die einzelne Deutung genau verstanden und den Sinnzusammenhang zwischen ihnen erkannt, so kann man sich vom Wortlaut der Auswertungstabellen lösen. Denn im allgemeinen ist es besser, das Ergebnis sprachlich so zu fassen, daß die Testperson die wesentlichen Punkte ohne Schwierigkeit versteht. Auch hier sollte man sorgfältig darauf achten, daß die Formulierungen ermutigend und konstruktiv wirken.

Die hier verwendeten acht Farben, die nur ein kleiner Auszug aus dem Klinischen Lüscher-Test mit 73 Farben sind, erlauben oft eine eindrucksvoll genaue Analyse des Zustandes. Sie zeigt das zur Zeit existierende Bild. Aus der gekürzten Analyse der acht Farben, die wir hier vornehmen, ist aber nicht immer zu erkennen, ob dieses Bild Ergebnis einer tiefsitzenden psychischen Unausgeglichenheit oder Ergebnis gegenwärtiger oder vergangener Umweltbedingungen ist, die das momentane Verhalten, wie es der Acht-Farbentest zeigt, beeinflussen. Der Acht-Farbentest reicht oft nicht aus, um diese Fragen zu beantworten. Dann muß der Klinische Lüscher-Test (oder ein anderer «Tiefentest») zu Hilfe genommen werden.

Stress und unerträgliche Umweltbedingungen können das psychische Persönlichkeitsbild stark beeinflussen. Solche äußeren Einflüsse brauchen die Persönlichkeit aber nicht dauernd zu entstellen. Wenn sie rechtzeitig festgestellt und erkannt werden, kann man Schritte unternehmen, um die Umwelt zu verändern und günstigere Bedingungen herzustellen. Dann verändern sich auch die ungünstigen Persönlichkeitszüge, die sich im Acht-Farbentest zeigten. Eine wiederholte Testaufnahme wird die eingetretene Besserung des psychischen und körperlichen Zustandes zeigen.

Andererseits wirken sich negative Persönlichkeitszüge, die sich infolge schwieriger Umweltbedingungen entwickelt haben, auf die Dauer schädigend auf die tieferen Schichten der Psyche aus. Dann reicht die bloße Veränderung der Umweltbedingungen nicht mehr aus; dann ist eine psychotherapeutische Hilfe anzuraten.

Wenn in einem Test alle Farben an den falschen Stellen stehen, sollte man daraus nicht den Schluß ziehen, es handle sich um einen Geisteskranken und man müsse sofort nach einem Psychiater rufen. Es kann sich sehr wohl um das Testergebnis einer geistig gesunden und normalen Person handeln, die aber die bestehenden Verhältnisse unerträglich findet und sie voll Widerwillen ablehnt. Klären Sie die Probleme mit ihr oder – wenn es Ihr eigener Test ist – konfrontieren Sie die Testaussagen mit Ihrer Problemsituation. Sind zur Abklärung umfassendere oder weiter differenzierte Ergänzungen wünschenswert, suchen Sie am besten einen Psychiater oder Psychologen auf, der mit Ihnen den Klinischen Lüscher-Test oder einen anderen Tiefentest wie den Rorschach-Test oder den Minnesota Multiphasic Personality Inventory (MMPI) macht.

Der Klinische Lüscher-Test gibt Aufschluß über die Motive des Verhaltens, über die unbewußten Einstellungen beim Fühlen, Wollen und Handeln, über die Art und Stärke der Triebe und Bedürfnisse, die tief in der Seele verborgen sein können. Mit diesem Wissen ausgerüstet, kommt der Psychologe, Psychiater oder Psychoanalytiker nicht nur zu einer differenzierten und genauen Diagnose, sondern er erhält auch den Hinweis auf die therapeutischen Maßnahmen.

Wenn deshalb das Ergebnis des Acht-Farbentests, wie es hier im Buche beschrieben wird, irgendwelche Fragen unbeantwortet läßt, ist der beste Rat der, die Sache auf der nächsthöheren Stufe weiterzuverfolgen. Suchen Sie einen Arzt oder einen Psychologen auf, um mit ihm herauszufinden, ob Ihr Problem medizinisch oder umweltbedingt ist oder ob es psychische Ursachen hat.

Beispiel einer Testauswertung

Testperson: Vizepräsident der Geschäftsleitung einer großen, internationalen Firma. 54 Jahre alt. Verheiratet.

Wahl

+	+	×	×	=	=	—	—
1	0	2	3	5	6	7	4

+ Funktion:	+ 1	+ 0
× Funktion:	× 2	× 3
= Funktion:	= 5	= 6
— Funktion:	— 7	— 4
+ — Funktionen:	+ 1	— 4
	+ 0	— 4

Augen- blickliche Lage (× Funktion) (× 2 × 3)	Autoritär oder in Autorität verleihender Position; fühlt jedoch, daß der weitere Fortschritt durch bestehende Schwierigkeiten fraglich geworden ist. Setzt sich aber gegen Widerstände zur Wehr.
Unbefriedigte Bedürfnisse (— Funktion) (— 7 — 4)	Unerfüllte Hoffnungen haben zu Unsicherheit und gespannter Wachsamkeit geführt. Besteht auf Handlungsfreiheit, nimmt jegliche Art der Kontrolle — außer der selbst auferlegten — übel. Will selbst verfügen können und ist nicht bereit, Verzichte auf sich zu nehmen, verlangt Sicherheit als Schutz gegen weitere Zurücksetzungen und den Prestigeverlust. Zweifelt daran, daß die Verhältnisse in Zukunft besser werden. Infolge dieser Befürchtungen stellt er übertriebene Ansprüche und ist nicht bereit, irgendwelche Konzessionen zu machen.
Auf sich selbst bezogene Charakterzüge (= Funktion) (= 5 = 6)	Egozentrisch auf sich selbst gerichtete Sensibilität. Ist deshalb schnell beleidigt. Die sexuelle Aktivität oder Selbstbefriedigung kann eine physische Befriedigung gewähren; versucht sich aber emotional nicht zu binden.
Wunschziel (+ Funktion) (+ 1 + 0)	Benötigt eine Befreiung vom Stress. Sehnt sich nach Frieden, Ruhe und Zufriedenheit.
Augen- blickliche Probleme (+ — Funk- tion) (+ 1 — 4)	1. Die Enttäuschung über seine unerfüllten Hoffnungen und die Furcht davor, daß neugesetzte Ziele nur zu weiteren Rückschlägen führen, haben beträchtliche Angst erzeugt. Daher versucht er, in einen ruhigen, friedlichen und harmonischen Zustand oder eine Beziehung dieser Art zu fliehen, die ihn vor Unzufriedenheit und fehlender Anerkennung schützt.
(+ 0 — 4)	2. Wenn die gewünschte Lösung (s. o.) sich nicht einstellt, zieht er sich zurück und schützt sich durch eine vorsichtig reservierte Abschirmung. Neigt zu Verstimmungen und Depressionen.

Zusammenfassung: Ein Mann in einer Autorität verleihenden Stellung, der trotz Schwierigkeiten aushält, aber kein Vergnügen mehr an seinem Los findet. Hat Rückschläge und Enttäuschungen erlebt, wünscht nun nichts mehr, als in Frieden gelassen zu werden und ausspannen zu können. Seine Tätigkeit befriedigt ihn wenig. Sie reibt ihn auf, weshalb er erschöpft, vorsichtig, pessimistisch und depressiv gestimmt ist.

Zusätzliche Erläuterungen: Beim Lesen des Buches werden Sie zahlreiche Erläuterungen finden, die bei der Analyse eines Tests jeweils mit berücksichtigt werden sollen. Dazu gleich einige Beispiele:

1. Sein Beruf (hier mit der × Funktion, × 2 × 3, beschrieben) folgt unmittelbar auf das «abschaltende» Grau: Das bedeutet, daß er ihn mechanisch ausübt, ohne daß er innerlich beteiligt ist (S. 21 f.).

2. Sein Bedürfnis nach Ruhe, geordneter Umwelt und Befreiung von Ärger (1 an erster Stelle) ist kompensatorisch und deshalb nicht geeignet, seine Lage wirklich zu verbessern, weil er zum Beispiel zu nachgiebig oder übertolerant in Situationen ist, die ein entschiedenes Handeln verlangten.

3. Das abgelehnte Gelb (4 an achter Stelle) führt zu Entmutigung, Reizbarkeit und Mißtrauen gegenüber den anderen.

4. Er neigt dazu, am Gewohnten festzuhalten (S. 28; abgelehntes Gelb zusammen mit dem bevorzugten Blau). Er hängt an seinem Besitz und dem gewohnten Weg, etwas zu tun. Er wäre nicht willens, etwas zu wagen und irgendwelche Risiken einzugehen.

5. Er ist wahrscheinlich nicht sehr glücklich im ehelichen Leben, an dem er aber trotz der Freudlosigkeit festhält, weil er am Gewohnten festhält (S. 28).

6. Obwohl die «Arbeitsgruppe» (3 2 4) nicht intakt ist, sind die 2 und die 3 zusammen in der × Gruppe. Die 4 ist auf den achten Platz verwiesen. Dies bedeutet, daß er seine Arbeit entschlossen anpackt, getrieben vom Wunsch, sein Prestige durch gutes Arbeiten zu erhöhen, aber die Arbeit macht ihm wenig Spaß. Er würde widerwillig Änderungen ausführen oder neue Ideen akzeptieren (abgewiesenes Gelb).

7. Wenn seine Arbeit oder sein häusliches Leben gestört oder regellos wäre, könnte seine Gesundheit leiden (Blau-Kompensation: Bedürfnis nach Erholung – S. 24).

8. Aus Kapitel 4, S. 34 ff., folgt: Er wünscht eine «Ruhepause»; sein wirklicher Zustand ist aber: «entschlossene Aktivität». Er weist «eigensinnige Entscheidungen» entschieden zurück und wünscht keine «Krisen». Der Test zeigt ihn als ruhigen, methodischen Mann und harten Arbeiter,

aber auch als phantasielosen, traditionsverbundenen und den eingefahrenen Gleisen verhafteten Leistungstyp, der sich aber an den Anforderungen aufreibt und erschöpft. Er ist also kein widerstandskräftiger, harter Industrieboss.

Auswertungstabellen

Zur Beachtung

Der Lüscher-Test ist bei aller Einfachheit und Schnelligkeit seiner Durchführung einer der in den USA und Europa in der medizinischen Anwendung weit verbreiteten psychologischen Tests. Er ist ein Untersuchungsverfahren, das der Psychiater, Psychologe und Arzt zur Abklärung der unbewußten psychischen und psychosomatischen Tendenzen ihrer Patienten in der Praxis benutzen. Der Lüscher-Test ist *kein* Gesellschaftsspiel und vor allem keine Geheimwaffe für Leute, die mit dem Test ihre Neugier befriedigen und ihre Überlegenheit beweisen wollen.

Wenn der Test für irgend jemanden ausgewertet wird, sollte man die Wissenschaftlichkeit und den Aussagewert des Tests nicht verharmlosen. Die Analyse sollte daher der getesteten Person in vollem Umfang mitgeteilt werden, aber möglichst nicht in Anwesenheit von anderen Personen, weil dadurch die Diskretion und eine offene Stellungnahme zum Testresultat verhindert würde.

Eine schriftliche Abfassung der Analyse kann manchmal nützen. Voraussetzung ist, daß die Ausdrücke so sorgfältig gewählt werden, daß sie helfen und jede nachteilige Wirkung ausschließen. Meist ist eine mündliche Auswertung die beste, da die verschiedenen Einzelergebnisse gleich besprochen werden können. So ist es normalerweise möglich, Mißverständnisse sofort klarzustellen oder getesteten Personen, die die Deutungen banalisieren, um sich dagegen zu verteidigen, mit den Aussagen zu konfrontieren. Das gewonnene Verständnis gibt der getesteten Person häufig die Fähigkeit, die eigenen Probleme zu erkennen und zu verarbeiten. Der verantwortungsvolle Gebrauch der Auswertungstabellen wird in jedem Falle nützen und konstruktiv wirken.

Psychiater und Psychoanalytiker behandeln meist Neurosen, Psychosen oder affektive Fehlanpassungen. Für alle diese Fälle besitzt die Auswertung des Lüscher-Tests besondere Bedeutung. Wo keine fixierte Kompensationshaltung (Neurose) festgestellt wird und die psychische Lage «normal» ist, muß der Deutungstext dementsprechend dem «Normalfall» angepaßt werden.

Hinweise zur Benutzung der Tabellen

Tabelle I:	
Die + Funktionen:	Hinwendung; das als Ziel erwünschte und erstrebte Verhalten.
Tabelle II:	
Die × Funktionen:	Zustand; die eigene Verfassung.
Tabelle III:	
Die = Funktionen:	Indifferenz; die suspendierten Eigenschaften, die aufgehobene Möglichkeit.
Tabelle IV:	
Die — Funktionen:	Das zweckmäßig gehemmte Bedürfnis; die unterdrückten Eigenschaften; die mit Angst befrachteten Bedürfnisse.
Tabelle V:	
Die + — Funktionen:	Das «akute Problem» und dessen pädagogisch-therapeutische Verarbeitung.

Bei psychisch ungünstigen Farbwahlen sind in der Tabelle Sterne (*) vermerkt. Je größer ihre Anzahl ist, desto weiter entfernt von der Norm ist die Wahl der Farbe oder Farbgruppe. Diese Sterne sind ein Hinweis auf psychische Fehlhaltungen, nach Lüscher auf «fixierte Kompensationshaltungen» (Neurotizismen), die oft mit seelisch-körperlichen Störungen zusammenhängen.

In den Tabellen sind allen Auswertungstexten bei + und — Prozentzahlen beigefügt, zum Beispiel bei + 0 + 1 die Zahl 0,6 Prozent. Sie sind auf der Basis von 36 892 ausgewerteten Tests (Studenten im Alter zwischen zwanzig und dreißig Jahren) errechnet und dienen als Hinweis, wie häufig eine Farbkombination von jungen Männern durchschnittlich gewählt wird.

Tabelle I: + Funktionen

+0
Grau
2,7 %
*

Abschirmung
Hat die aufreibenden und zermürbenden Einwirkungen satt und will sich gegen sie abschirmen. Gibt sich nicht zu erkennen; verbirgt die Gefühle und Gedanken.

+0 +1
Grau Blau
0,6 %
*

Abschirmung — Ruhebedürfnis
Will sich gegen aufreibende und ermüdende Auseinandersetzungen abschirmen und benötigt Entspannung, Ruhe und friedliche Beziehungen, um sich zu erholen.

+0 +2
Grau Grün
0,4 %
*

Verschlossenheit — Selbstbehauptungswille
Empfindet die Verhältnisse als widrige Zumutung. Will sich gegen aufreibende und zermürbende Auseinandersetzungen abschirmen. Verbirgt die Absichten, um die eigenen Ansprüche keinen Angriffen auszusetzen und sich um so sicherer behaupten zu können. Ist bemüht, sich durch keine Einwendungen irritieren, erschüttern und unsicher machen zu lassen.

+0 +3
Grau Rot
0,5 %
*

Tarnung — Erfolgsbegehren
Verbirgt hinter scheinbar sachlichem Argumentieren und behutsamem Auftreten überfordernde Ansprüche. Diplomatisch versteckter, getarnter Anspruch auf wirkungsvollen Erfolg.

Abschirmung – Problemflucht
Will sich von dem unbefriedigenden Zustand, von den deprimierenden Spannungen und unerträglichen Belastungen befreien. Sucht einen Ausweg, findet aber keine Lösung und will sich nach Möglichkeit gegen aufreibende Auseinandersetzungen abschirmen.

+0 +4
Grau Gelb
0,3 %
* *

Abschirmung – Sensibilität
Ist von ästhetischem Charme bezaubert und möchte die Reize von feinfühligen Zärtlichkeiten erleben. Geniert sich, die Wünsche offen zu zeigen, und wendet eine diplomatisch vorsichtig abtastende Taktik an. Verfolgt das Ziel mit behutsamer Vorsicht und bleibt unverbindlich und undurchsichtig.

+0 +5
Grau Violett
0,2 %
*

Abschirmung – Regression
Will sich gegen aufreibende und zermürbende Belastungen abschirmen. Sehnt sich nach einem konfliktfreien, unproblematischen Lebensstil, der Behaglichkeit und körperliche Erholung bietet.

+0 +6
Grau Braun
0,6 %
* *

Abschirmung – Protesthaltung
Fühlt sich in den Erwartungen betrogen, ungerecht und unwürdig behandelt. Hat es satt und wendet sich voll Widerwillen gegen diese als Demütigung empfundenen Lebensumstände.

+0 +7
Grau Schwarz
0,2 %
* * *

+1
Blau
15,9 %

Ruhebedürfnis
Benötigt eine ruhige, friedvolle Harmonie, welche das Gefühl der Zugehörigkeit und die ersehnte Befriedigung bietet.

+1 +0
Blau Grau
1,2 %
*

Ruhebedürfnis – soziale Distanzierung
Möchte sich von den erschöpfenden Spannungen ausruhen und sehnt sich nach einer unerschütterlichen und volle Befriedigung bietenden Harmonie.

+1 +2
Blau Grün
3,8 %

Empfindsamkeit – Behauptungswille
Benötigt eine ruhige, friedvolle Harmonie. Möchte die Spannungen friedlich, ohne kämpferische Auseinandersetzung, lösen. Bemüht sich, die Situation und die Aufgaben durch behutsames Vorgehen zu meistern. Besitzt ein sensibles Feingefühl und beobachtet feine Einzelheiten.

+1 +3
Blau Rot
3,6 %

Harmoniestreben – Aktivität
Erstrebt eine friedvolle, liebevolle harmonische Verbundenheit. Strebt nach inniger, von Liebe erfüllter, hingebender und vertrauensvoller Bindung. Ist bemüht, mit den nahestehenden Menschen eine vertrauensvolle und gemütvolle Beziehung zu erlangen. Empfindet die Harmonie, besonders innerhalb der Familie, als Voraussetzung für das eigene Glück.

Harmoniestreben – Erwartung
Erstrebt eine beglückende, Befriedigung bietende Liebesbindung. Ist zu starker, gefühlvoller Begeisterung fähig. Ist hilfsbereit und paßt sich nachgiebig an, um die erstrebte liebevolle Gemeinschaft zu verwirklichen. Benötigt auch selbst ein verständnisvolles Entgegenkommen.

+1 +4
Blau Gelb
1,4 %

Empfindsamkeit – Faszinationsbereitschaft
Sehnt sich nach feinfühlender Harmonie und reizvoll anschmiegsamer Zärtlichkeit. Besitzt ein feines Empfinden für ästhetische Reize und kann sich in andere empfindsam einfühlen.

+1 +5
Blau Violett
4,4 %

Ruhebedürfnis – Regression
Benötigt eine konfliktfreie, erholsame Geborgenheit in sinnlich befriedigender Behaglichkeit. Braucht Schonung und liebevolle Fürsorge. Fürchtet die Leere und Einsamkeit einer Trennung.

+1 +6
Blau Braun
1,1 %
*

Ruhebedürfnis – Protesthaltung
Benötigt dringend Entspannung, Ruhe und liebevolles Verständnis. Fühlt sich einer verständnislosen Behandlung ausgesetzt und macht sich deswegen quälende Sorgen. Ist dadurch überreizt. Findet die Situation unerträglich, solange der gestellte Anspruch nicht erfüllt und befriedigt ist.

+1 +7
Blau Schwarz
0,5 %
* *

+2
Grün
18,1 %

Selbstbehauptungswille, Geltungsanspruch
Benötigt Widerstands- und Willensspannkraft, um sich selbständig gegenüber schwierigen Umständen behaupten zu können. Will die Anforderungen und Widerstände bewältigen und sich Anerkennung verschaffen.

+2 +0
Grün Grau
0,7 %
*

Autistischer Behauptungswille — soziale Distanzierung
Will sich gegen Widrigkeiten und jede demütigende Unterschätzung unbedingt behaupten. Will sich nicht beeinflussen lassen; igelt sich ein, um sich selbstsicher zu fühlen.

+2 +1
Grün Blau
3,5 %

Behauptungswille — Ruhebedürfnis
Will einen imponierenden Eindruck machen, anerkannt werden und benötigt für die eigenen Leistungen Bestätigung und Bewunderung. Ist empfindlich und leicht verletzt, wenn keine persönliche Aufmerksamkeit und würdigende Anerkennung entgegengebracht wird.

+2 +3
Grün Rot
5,2 %

Geltungsanspruch — Aktivität
Will sich durchsetzen und die Hindernisse und Widerstände bewältigen. Will selbst entscheiden und verfolgt die Absicht mit Initiative und Konsequenz. Will nicht vom Wohlwollen anderer abhängig sein.

Geltungsanspruch — Erwartung
Entbehrt Anerkennung. Hat den Ehrgeiz, überlegen zu sein und einen imponierenden Eindruck zu erwecken, um Bewunderung und Beliebtheit zu finden und das Gefühl der eigenen Distanz zu überbrücken. Ist nervös gespannt und besitzt eine wache Reaktion.

+2 +4
Grün Gelb
2,3 %

Geltungsanspruch — Faszinationsbereitschaft
Will einen attraktiven, imponierenden Eindruck machen, um sich zu behaupten. Will als besondere Persönlichkeit beachtet werden. Ist daher gespannt und beobachtet die eigene Wirkung und die Reaktionen mit sensibler Aufmerksamkeit. Gewinnt dadurch das Gefühl der Überlegenheit und will sich mit gewandter Taktik einen maßgebenden Einfluß und besondere Anerkennung verschaffen. Ist vom auserlesen Reizvollen fasziniert.

+2 +5
Grün Violett
4,2 %

Selbstbehauptungswille — Regression
Fühlt sich überfordert und dadurch erschöpft. Will aber trotzdem die Widerstände bewältigen und sich gegen die schlappmachenden Einwirkungen behaupten. Wahrt die äußere Haltung in stolzer Resignation. Benötigt Anerkennung und konfliktfreie Sicherheit.

+2 +6
Grün Braun
1,8 %
*

Autistischer Behauptungswille — Protesthaltung
Will sich durch Härte und selbstherrliche Eigenwilligkeit vortäuschen, überlegen zu sein, um, durch nichts beeinflußt, nicht geschwächt und deprimiert werden zu können.

+2 +7
Grün Schwarz
0,5 %
* *

+3
Rot
28,9 %
*

Aktivität
Kraftvolle Vitalität und lebhafte Unternehmungsfreude. (Falls 0 oder 7 an zweiter oder dritter Stelle steht): Benötigt Erregung und Faszination, um ohne Hemmung erotisch erleben und erfolgreich wirken zu können.

+3 +0
Rot Grau
0,9 %
*

Erlebnisdrang – soziale Isoliertheit
Will Hemmungen und Hindernisse abrupt durchbrechen und im impulsiven Begehren sich und die eigene Wirkung erleben. Will dabei die spannungsvollen Konflikte betäuben, gerät aber durch impulsive Handlungen in Risiken.

+3 +1
Rot Blau
4,4 %

Aktivität – Harmoniestreben
Strebt nach erlebnisstarker, harmonischer Lebensgestaltung und einer innigen Verbundenheit, die eine erotische und gefühlvolle Befriedigung bietet. Die regelmäßige Aktivität und eine liebevolle Gemeinschaftsbeziehung bilden die Voraussetzung für das erstrebte Glück.

+3 +2
Rot Grün
6,6 %

Aktivität – Behauptungswille
Verfolgt mit Intensität die Absicht und läßt sich vom Ziel nicht ablenken. Will sich gegen Hindernisse behaupten und schöpft aus dem Erfolg die eigene Bestätigung.

Aktivität — Entfaltung
Erlebnis- und Erfolgsstreben. Will sich frei entfalten, ohne durch Selbstzweifel gehemmt zu sein. Will erobern und mit Intensität erleben. Ist kontaktfreudig und begeisterungsfähig. Ist für das Neue und Moderne aufgeschlossen. Interessiert sich für vieles und will das Wirkungsfeld ausdehnen. Ist erwartungsvoll auf die Zukunft ausgerichtet.

+3 +4
Rot Gelb
11,0 %

Erlebnisdrang — Faszinationsbereitschaft
Ist von erotischen und intensiv erregenden Reizen fasziniert. Begehrt auch selbst, als Persönlichkeit einen reizvoll interessanten und attraktiv-beeindruckenden Einfluß auszuüben. Dirigiert die Wirkung mit sensibler Taktik, um das Zutrauen und den Erfolg nicht zu gefährden.

+3 +5
Rot Violett
3,5 %

Erlebnisdrang — Regression
Schiebt Illusionen, Sentimentalität und Prestige-Empfindlichkeit beiseite und strebt nach realer, lebensnaher Verwirklichung und sinnlich befriedigender Behaglichkeit.

+3 +6
Rot Braun
2,1 %
*

Erlebnisdrang — aggressive Forderungen
Will mit forcierter Intensität erleben. Will das Verpaßte nachholen und deshalb die Hemmungen abrupt durchbrechen.

+3 +7
Rot Schwarz
0,3 %
*

+4
Gelb
12,7 %
*

Getriebenheit, Erwartung
Benötigt veränderte Verhältnisse, um sich von der erregenden Spannung befreien zu können. Sucht nach einer Lösung und hofft, durch neue Möglichkeiten sich glücklich entfalten zu können, so daß die Erwartungen in Erfüllung gehen.

+4 +0
Gelb Grau
0,5 %
* *

Getriebenheit — Abschirmung
Benötigt einen Ausweg, um von allem Bedrückenden befreit zu werden. Klammert sich an unbestimmte, illusionäre Erwartungen.

+4 +1
Gelb Blau
1,2 %
*

Erwartung — Harmoniestreben
Hofft, durch die Zugehörigkeit und eine liebevolle Gemeinschaftsbindung Erleichterung und Zufriedenheit zu finden. Ist aus eigener Liebeserwartung hilfsbereit und benötigt auch selbst ein verständnisvolles Entgegenkommen. Ist für neue Möglichkeiten aufgeschlossen und erwartet durch sie interessante Bereicherungen (Ästhetik, Reisen).

+4 +2
Gelb Grün
2,2 %
*

Erwartung — Geltungsanspruch
Besitzt eine wache, rasche Aufmerksamkeit. Sucht nach neuen Möglichkeiten, die eine befreiende Lösung bieten. Will sie ergreifen und sich bewähren. Will sich durch Überlegenheit Anerkennung verschaffen und dadurch das Gefühl der eigenen Distanziertheit überbrücken.

Getriebenheit — Erlebnisdrang
Ist aus dem Bedürfnis nach einer Entfaltung des Geltungsbereiches ruhelos zu erwartungsvollen Hoffnungen getrieben. Gefahr der Zersplitterung.

+4 +3
Gelb Rot
6,7 %
nicht repräsentativ
*

Erwartung — Faszinationsbereitschaft
Sehnt sich nach interessanten, reizvollen Begegnungen und möchte durch Charme beliebt sein. Entfaltung der Phantasievorstellungen.

+4 +5
Gelb Violett
1,2 %
*

Erwartung — Regression
Zermürbende Verzweiflung, benötigt und sucht eine sinnliche, gemütliche Behaglichkeit und erholsame, problemlose Geborgenheit.

+4 +6
Gelb Braun
0,6 %
* *

Getriebenheit — Protesthaltung
Setzt sich durch eine unerwartete, rücksichtslose, trotzig-abrupte Wendung über die Probleme und Spannungen hinweg.

+4 +7
Gelb Schwarz
0,3 %
* * *

+5
Violett
15,3 %

Sensible Faszination
Möchte bezaubern und auch selbst von zärtlich-bezaubernden Gefühlen ergriffen werden. Empfindsamkeit. Bedürfnis nach sensibler Identifikation. Gibt sich einem reizenden, faszinierenden Interesse voll hin.

+5 +0
Violett Grau
0,3 %
*

Sensibilität — Abschirmung
Sehnt sich nach zärtlichem Mitgefühl, nach feinfühlendem Verständnis und möchte sich gegen ermüdende Anspannungen und Konflikte abschirmen. Verhält sich diplomatisch vorsichtig.

+5 +1
Violett Blau
4,1 %

Faszinationsbereitschaft — Empfindsamkeit
Sehnt sich nach zartfühlender, gemütvoller Verbundenheit und nach einem idealen Harmoniezustand. Hat ein gesteigertes Bedürfnis, mit reizvoller Zärtlichkeit geliebt zu werden und ist ästhetisch empfindsam. Vermag sich in andere sensibel einzufühlen und sich einem faszinierenden Interesse voll hinzugeben.

+5 +2
Violett Grün
4,8 %

Sensibilität — Geltungsanspruch
Will einen attraktiven, imponierenden Eindruck machen, um sich zu behaupten. Will als besondere Persönlichkeit beachtet werden. Ist daher gespannt und beobachtet die eigene Wirkung und die Reaktionen mit sensibler Aufmerksamkeit. Gewinnt dadurch das Gefühl der Überlegenheit und will sich mit gewandter Taktik einen maßgebenden Einfluß und besondere Anerkennung verschaffen. Ist vom auserlesen Reizvollen fasziniert. Vermag sich einem reizenden, faszinierenden Interesse voll zuzuwenden.

Faszinationsdrang — Erlebnisdrang
Spricht auf Reize leicht und rasch an. Ist stark erregbar und von erotischen und intensiv erregenden Reizen fasziniert. Begehrt auch selbst, als Persönlichkeit einen reizvoll-attraktiven und beeindruckenden Einfluß auszuüben. Dirigiert die Wirkung mit sensibler Taktik, um das Zutrauen und den Erfolg nicht zu gefährden.

+5 +3
Violett Rot
3,3 %

Faszinationsbereitschaft — Erwartung
Sucht interessante, reizvolle Begegnungen. Vermag sich durch aufgeschlossene Interessiertheit und Charme beliebt zu machen. Entfaltung der Phantasievorstellungen.

+5 +4
Violett Gelb
1,8 %
*

Suggestibilität — Regression
Benötigt eine reizvolle, sinnlich genußvolle Behaglichkeit.

+5 +6
Violett Braun
0,6 %
*

Faszinationsbereitschaft — aggressive Forderungen
Sehnt sich dranghaft nach einer Verschmelzung, die alle Gefühlsreize befriedigt und eine bedingungslose Übereinstimmung der Gefühle und Ansichten erfüllt.

+5 +7
Violett Schwarz
0,4 %
* *

+6
Braun
4,7 %
*

Regression in die Leibbedürfnisse
Drang nach problemfreier und erholsamer Behaglichkeit. Regression in die dranghafte Befriedigung der leiblichen, vitalen Triebbedürfnisse.

+6 +0
Braun Grau
0,6 %
* *

Regression – Abschirmung
Benötigt dranghaft eine konfliktfreie, erholsame Behaglichkeit. Will sich gegen die aufreibenden und zermürbenden Einflüsse abschirmen und sehnt sich nach einem unproblematischen Lebensstil.

+6 +1
Braun Blau
0,7 %
*

Regression – Ruhebedürfnis
Drang nach konfliktloser Zufriedenheit und sinnlicher, behaglicher Befriedigung. Benötigt Geborgenheit und möchte sich anklammern, um nicht unter der Leere einer Trennung zu leiden.

+6 +2
Braun Grün
1,2 %
*

Regression – Selbstbehauptungswille
Beherrscht sich und will sich gegen die schlappmachenden Einwirkungen behaupten. Benötigt erholsame Behaglichkeit und gesicherte Geborgenheit.

Regression — Erlebnisdrang
Sinnlich dranghafter Triebimpuls. Will die Genüsse voll und ungehemmt erleben. Will den Erlebnisdrang befriedigen und das Gefühl der eigenen Kraft mit Behagen genießen.

+6 +3
Braun Rot
1,1 %
*

Regression — Erwartung
Ahnt die Aussichtslosigkeit der Erwartung und läßt sich in problemloser, sinnlicher Behaglichkeit gehen.

+6 +4
Braun Gelb
0,5 %
* *

Regression — Suggestibilität
Drang nach reizvollen Genüssen und sinnlichem Behagen.

+6 +5
Braun Violett
0,4 %
*

Regression — Protesthaltung
Hält ideale Zielsetzung für Illusionen. Fühlt sich in den Erwartungen bitter enttäuscht und wendet sich voll Überdruß ab. Hat den Drang, in behaglicher Problemlosigkeit alles zu vergessen und sich zu erholen.

+6 +7
Braun Schwarz
0,1 %
* * *

+7
Schwarz
1,8 %
* *

Protesthaltung, aggressive Forderungen
Empfindet die Situation als unzumutbare Widerwärtigkeit. Will sich durch keine Beeinflussung umstimmen lassen.

+7 +0
Schwarz Grau
0,3 %
* * *

Protesthaltung — soziale Distanzierung
Hält die Situation für hoffnungslos. Widersetzt sich den als widerwärtig empfundenen Umständen durch Widerwillen. Versucht, sich gegen die quälenden und deprimierenden Gefühle abzuschirmen.

+7 +1
Schwarz Blau
0,4 %
* *

Protesthaltung — Ruhebedürfnis
Leidet unter den als quälend und widerwärtig empfundenen Umständen. Widersetzt sich ihnen und verlangt, in Frieden gelassen zu werden.

+7 +2
Schwarz Grün
0,3 %
* * *

Protesthaltung — autistischer Behauptungswille
Widersetzt sich der Beeinträchtigung und dem Widerstand mit trotziger Ablehnung. Will an der eigenen Absicht hartnäckig festhalten. Täuscht sich dabei vor, selbständig und unabhängig zu sein.

Aggressive Forderungen – Erlebnisdrang
Gestaute Erregung, die sich in forcierten Handlungen und leidenschaftlichen Impulsen zu entladen droht.

+7 +3
Schwarz Rot
0,2 %
* *

Aggressive Triebdynamik – Getriebenheit
Setzt sich mit einer abrupten, unerwarteten Wendung über die Problem-Spannung hinweg. Sucht eine Ausflucht und ist gefährdet, überstürzte Handlungen bis zur Selbstvernichtung zu begehen.

+7 +4
Schwarz Gelb
0,3 %
* * *

Aggressive Forderungen – Faszinationsbereitschaft
Beansprucht eine völlige und konzessionslose, sensible Übereinstimmung der Gefühle und der Überzeugung.

+7 +5
Schwarz Violett
0,2 %
* *

Protesthaltung – Regression
Hält die früheren, idealen Ziele für illusionäre Hoffnungen. Fühlt sich in den Erwartungen bitter enttäuscht und wendet sich voll Überdruß ab. Hat den Drang, in behaglicher Problemlosigkeit alles zu vergessen und sich zu erholen.

+7 +6
Schwarz Braun
0,1 %
* * *

Tabelle II: x Funktionen

×0
Grau
*

Eingeschränkte affektive Zuwendungsbereitschaft, um Konfliktspannungen zu vermeiden. Besonders die unmittelbar hinter × 0 stehenden Farben repräsentieren Bedürfnisse, die wegen einer Konfliktspannung unbefriedigt bleiben. Die vor × 0 stehenden Farben zeigen, was als Kompensation angestrebt wird.

×0 ×1
Grau Blau

Fühlt sich durch Spannungen und Konflikte im Bedürfnis nach friedlich-entspannter Verbundenheit behindert. (Daher gelten die voranstehenden Farben als Kompensation.)

×0 ×2
Grau Grün

Hat es schwer, die Ansprüche gegenüber den Widerständen behaupten zu können. (Daher gelten die voranstehenden Farben als Kompensation.)

×0 ×3
Grau Rot

Fühlt sich im dynamischen Antrieb und in den Impulsen gebremst und behindert. Ist durch Spannungen und Konflikte reizbar, rasch empört und gerät in Ärger. (Daher gelten die voranstehenden Farben als Kompensation.)

Die Kontaktbereitschaft ist durch belastende Spannungen eingeschränkt. (Daher gelten die voranstehenden Farben als Kompensation.)

×0 ×4
Grau Gelb

Durch eine Konfliktspannung ist die verständnisvolle, distanzlose Vertrautheit beeinträchtigt. (Daher gelten die voranstehenden Farben als Kompensation.)

×0 ×5
Grau Violett

Fühlt sich durch Konfliktspannungen angegriffen und hat das Bedürfnis nach Erholung und Behaglichkeit. (Daher gelten die voranstehenden Farben als Kompensation.)

×0 ×6
Grau Braun

Ist wegen der nicht erfüllten Forderungen in Konflikte geraten. Wendet sich aus Widerwillen ab. Sieht sich genötigt, die Ansprüche wenigstens vorläufig zurückzuhalten, um weitere Spannungen zu vermeiden. (Daher gelten die voranstehenden Farben als Kompensation.)

×0 ×7
Grau Schwarz
*

x 1
Blau

Bereitschaft zu entspannter Ruhe, zu befriedigter Verbundenheit und gemüthafter Bindung.

x 1 x 0
Blau Grau

Bereitschaft zu friedlicher Verbundenheit, um die Gespanntheit zu lösen.

x 1 x 2
Blau Grün

Hat das Verlangen nach ruhiger und gefestigter Verbundenheit, um sich bestätigt, gewürdigt, geliebt und zufrieden zu fühlen.

x 1 x 3
Blau Rot

Fühlt sich in der Durchsetzung der Wünsche gebremst und behindert. Hat das Bedürfnis, den gestauten Ärger zu lösen und in einer gemüthaften Beziehung Entspannung und Beruhigung zu finden.

Ist in den gemüthaften Gefühlen stark ansprechbar. Daher ist das eigene Wohlbefinden von der Harmonie der Gemeinschaftsbeziehung abhängig.

x1 x4
Blau Gelb

Bereitschaft zu friedlich-entspannter Verbundenheit und feinfühlend-verständnisvoller Vertrautheit.

x1 x5
Blau Violett

Hat den Wunsch nach ruhiger, behaglicher Geborgenheit und sinnlich befriedigender Verbundenheit.

x1 x6
Blau Braun

Hat das dringende Bedürfnis nach entspannter Ruhe und friedlicher Verbundenheit. Fordert aber vom Partner eine empfindsame Rücksichtnahme und wendet sich konzessionslos ab, wenn ihr nicht entsprochen wird.

x1 x7
Blau Schwarz
*

x2
Grün

Ist gefaßt, fest und in den Ansprüchen selbstbestimmt.

x2 x0
Grün Grau

Will die Wünsche und die Ansprüche gegenüber einem konfliktgeladenen Widerstand mit Entschlossenheit behaupten.

x2 x1
Grün Blau

Will eine ruhige, gefestigte Sicherheit und Verbundenheit, um sich bestätigt, gewürdigt, geliebt und zufrieden zu fühlen.

x2 x3
Grün Rot

Fühlt sich in der Initiative gebremst und behindert, hält aber an den Ansprüchen fest und sucht Mittel und Wege, um sich trotzdem durchzusetzen.

Nimmt mit wacher, gespannter Aufmerksamkeit teil; setzt sich mit den Ansichten auseinander und bildet sich eine eigene Meinung.

x2 x4
Grün Gelb

Möchte für die eigenen Bedürfnisse und Ansprüche ein entgegenkommendes Verständnis finden. Kann sich mit Gewandtheit rechtfertigen.

x2 x5
Grün Violett

Benötigt eine unerschütterliche, Behaglichkeit bietende Geborgenheit als sicheres Fundament.

x2 x6
Grün Braun

Hält an den eigenen Ansprüchen und Forderungen mit konzessionsloser Hartnäckigkeit fest.

x2 x7
Grün Schwarz

x3
Rot

Fühlt sich im dynamischen Antrieb gestaut und im Aktivitäts-Impuls gebremst.

x3 x0
Rot Grau

Ist durch Spannungen rasch erregt, versucht aber Konflikte zu vermeiden.

x3 x1
Rot Blau

Fühlt sich in der Durchsetzung der Wünsche gebremst und behindert. Hat das Bedürfnis, den gestauten Ärger zu lösen und in einer gemüthaften Beziehung Entspannung und Beruhigung zu finden.

x3 x2
Rot Grün

Fühlt sich in der eigenen Initiative gebremst und behindert, hält aber an den Ansprüchen fest und sucht Mittel und Wege, um sich trotzdem durchzusetzen.

Fühlt sich in der aktiven Entfaltung gebremst und behindert, weil die Erwartungen unerfüllt bleiben.

x3 x4
Rot Gelb

Ist von sensibel erregenden Reizen begeistert.

x3 x5
Rot Violett

Staut die Triebimpulse und möchte sie durch sinnliche Behaglichkeit befriedigen.

x3 x6
Rot Braun

Ist durch die Stauung der Triebimpulse gereizt und wendet sich aus Widerwillen ab, wenn den Forderungen nicht entsprochen wird.

x3 x7
Rot Schwarz
*

x4
Gelb

Kontaktbereitschaft.

x4 x0
Gelb Grau

Hofft, einen befreienden Ausweg aus einer belastenden Spannung zu finden.

x4 x1
Gelb Blau

Ist in den gemüthaften Gefühlen stark ansprechbar. Daher ist das eigene Wohlbefinden von der Harmonie der Gemeinschaftsbeziehung abhängig.

x4 x2
Gelb Grün

Nimmt mit wacher, gespannter Aufmerksamkeit teil; setzt sich mit den Ansichten auseinander und bildet sich eine eigene Meinung.

Fühlt sich in der aktiven Entfaltung gebremst und behindert, weil die Erwartungen unerfüllt bleiben. Ist dadurch reizbar und ärgert sich.

x4 x3
Gelb Rot

Sehnt sich nach unbeschwertem, reizvoll-sensiblem Kontakt.

x4 x5
Gelb Violett

Hat den Wunsch nach konfliktloser Behaglichkeit und nach sinnesfreudigem Genießen.

x4 x6
Gelb Braun

Beansprucht mit gespannter Ungeduld, daß die Wunschvorstellungen und Erwartungen endlich erfüllt werden.

x4 x7
Gelb Schwarz

x5
Violett

Sensible Ansprechbarkeit.

x5 x0
Violett Grau

Hat durch die Konfliktspannung ein gesteigertes Bedürfnis nach feinfühlender, verständnisvoller Vertrautheit.

x5 x1
Violett Blau

Hat das Bedürfnis nach einer gemütvollen Verbundenheit und feinfühlenden, verständnisvollen Vertrautheit.

x5 x2
Violett Grün

Ist sensibel ansprechbar, verhält sich taktisch gewandt und beharrt auf den Ansprüchen und ist zu keinem eigenen Entgegenkommen bereit.

Ist von sensibel erregenden Reizen stark begeistert.

x5 x3
Violett Rot

Sucht unbeschwerten, reizvoll-sensiblen Kontakt.

x5 x4
Violett Gelb

Möchte in sensibel reizvoller, sinnlicher Behaglichkeit verweilen.

x5 x6
Violett Braun

Fordert verständnisvolles Feingefühl als Beweis für die sensible Übereinstimmung. Wendet sich von einer Beziehung ab, die keine volle, feinfühlende Vertrautheit bietet.

x5 x7
Violett Schwarz

x6
Braun

Bedürfnis nach Behaglichkeit, nach leiblicher und sinnlicher Befriedigung.

x6 x0
Braun Grau
*

Fühlt sich durch Konflikte angegriffen und benötigt erholsame Geborgenheit und leiblich-sinnliche Behaglichkeit.

x6 x1
Braun Blau

Hat den Wunsch nach ruhiger, entspannter Verbundenheit und sinnlich-behaglicher Geborgenheit.

x6 x2
Braun Grün

Ist bemüht, sich gegenüber den Zumutungen zu behaupten. Empfindet aber die Schwierigkeiten als zermürbend und wünscht von weiteren Herausforderungen verschont zu bleiben. Benötigt behagliche Geborgenheit.

Möchte die gestauten Triebimpulse durch sinnliche Behaglichkeit befriedigen.

x6 x3

Braun Rot

*

Hat den Wunsch nach konfliktloser Behaglichkeit und nach sinnesfreudigem Genießen.

x6 x4

Braun Gelb

Möchte in sensibel-reizvoller, sinnlicher Behaglichkeit verweilen.

x6 x5

Braun Violett

Ist gegenüber einer Beziehung resigniert und wendet sich aus Widerwillen von ihr ab. Benötigt konfliktlose Behaglichkeit und erholsame Schonung.

x6 x7

Braun Schwarz

*

x7
Schwarz
*

Fordert, daß die Ansprüche erfüllt werden und wendet sich andernfalls aus Widerwillen ab.

x7 x0
Schwarz Grau
* *

Fordert, daß durch eine konsequente Entscheidung die Konflikte und Schwierigkeiten behoben werden und wendet sich andernfalls aus Widerwillen von der Beziehung ab.

x7 x1
Schwarz Blau
*

Benötigt für die eigene Ruhe eine treue Verbundenheit. Stellt aber hohe Ansprüche auf empfindsame Rücksichtnahme an den Partner. Wendet sich schroff ab, wenn den Forderungen nicht entsprochen wird.

x7 x2
Schwarz Grün
*

Hält mit konzessionsloser Hartnäckigkeit an den gestellten Ansprüchen fest und wendet sich aus Widerwillen ab, wenn ihnen nicht entsprochen wird.

Ist durch die Stauung der Impulse gereizt und wendet sich aus Widerwillen schroff ab, wenn den Forderungen nicht entsprochen wird.

x7 x3
Schwarz Rot
*

Wendet sich aus Widerwillen schroff ab, wenn die Wunschvorstellungen und hochgesteckten Erwartungen nicht gebührend gewürdigt werden.

x7 x4
Schwarz Gelb
*

Fordert verständnisvolles Feingefühl als Beweis für die sensible Übereinstimmung. Wendet sich von einer Beziehung ab, die keine volle, feinfühlende Vertrautheit bietet.

x7 x5
Schwarz Violett
*

Ist von einer Beziehung schwer enttäuscht und wendet sich aus Widerwillen von ihr ab. Benötigt erholsame Schonung.

x7 x6
Schwarz Braun
* *

Tabelle III: = Funktionen

=0
Grau

Ist zu affektiver Zuwendung und Teilnahme bereit.

=0 =1
Grau Blau

Stellt hohe Bindungsansprüche (oft positive oder negative Mutterbindung). Ist deshalb von Gefühlsbeziehungen bald enttäuscht und bleibt durch Vorbehalte innerlich isoliert, ohne sich gemüthaft zu binden.

=0 =2
Grau Grün

Fühlt sich benachteiligt. Ist genötigt, sich den Ansprüchen anzupassen und sich mit der Situation abzufinden.

=0 =3
Grau Rot

Lustlosigkeit. Fühlt sich in der Entfaltung behindert, ist gequält. Will sich schonen und den direkten Konflikt vermeiden.

Ist in den Kontaktbeziehungen anspruchsvoll, wählerisch. Will Konflikte vermeiden, um die eigenen Wünsche zu verwirklichen.

=0 =4
Grau Gelb

Wendet die Sensibilität den eigenen Gefühlen zu und reagiert empfindlich.

=0 =5
Grau Violett

Ist zur affektiven Teilnahme bereit. Vermag die sinnlichen Bedürfnisse zu befriedigen.

=0 =6
Grau Braun

Ist genötigt, vorübergehend Konzessionen zu machen, um nicht in eine erlebnisarme und lieblose Isoliertheit zu geraten.

=0 =7
Grau Schwarz

=1

=1
Blau

Erlebt die Gefühlsbeziehungen nicht als gemüthafte Bindung.

=1 =0
Blau Grau

Ist zu affektiver Teilnahme bereit, ohne aber in den Gefühlsbeziehungen eine gemüthafte Bindung einzugehen.

=1 =2
Blau Grün

Hat das Gefühl, benachteiligt zu sein und nicht verständnisvoll gewürdigt zu werden. Sieht sich zur Anpassung genötigt. Erlebt die Gefühlsbeziehungen ohne gemüthafte Bindung.

=1 =3
Blau Rot

Leidet unter der Schwierigkeit, eine innige, harmonische Verbundenheit zu verwirklichen. Fühlt sich dadurch gequält und außerstande, eine gemüthafte Verbundenheit zu empfinden.

Ist in der Gefühlsbeziehung gegenüber dem Partner anspruchsvoll und wählerisch. Fühlt sich deshalb nicht gemüthaft verbunden.

=1 =4
Blau Gelb

Wendet die Sensibilität den eigenen Gefühlen zu und reagiert empfindlich. Bleibt durch die Reserviertheit ohne gemüthafte Verbundenheit.

=1 =5
Blau Violett

Befriedigt die sinnlichen Bedürfnisse, ohne gemüthaft gebunden zu sein.

=1 =6
Blau Braun

Sieht sich genötigt, vorläufig Konzessionen zu machen und fühlt sich deshalb nicht gemüthaft verbunden.

=1 =7
Blau Schwarz

=2

=2
Grün

Ist genötigt, sich zu arrangieren und die Ansprüche der Situation anzupassen.

=2 =0
Grün Grau

Ist genötigt, sich zu arrangieren und die Ansprüche der Situation anzupassen.

=2 =1
Grün Blau

Hat das Gefühl, benachteiligt zu sein und nicht verständnisvoll gewürdigt zu werden. Ist genötigt, sich mit der Situation abzufinden und die Ansprüche anzupassen. Erlebt die Gefühlsbeziehungen daher ohne gemüthafte Bindung.

=2 =3
Grün Rot

Stößt mit dem Willen, sich durchzusetzen, auf Widerstand. Fühlt sich deshalb gequält und empfindet die Benachteiligung als empörend. Fühlt sich lustlos und paßt sich an, um sich zu schonen.

Fühlt sich durch belastende Unannehmlichkeiten benachteiligt. Hält an der Verwirklichung des Wunschzieles fest und versucht, die Situation durch lavierende Anpassung zu überstehen.

=2 =4
Grün Gelb

Hat das Gefühl, kein einfühlendes Verständnis zu finden und dadurch benachteiligt und auf sich allein angewiesen zu sein. Staut die sensible Zuwendung und reagiert empfindlich. Muß sich aber arrangieren und die Ansprüche der Situation anpassen.

=2 =5
Grün Violett

Ist genötigt, die Ansprüche der Situation anzupassen und sich zu arrangieren. Vermag aber die sinnlichen Bedürfnisse zu befriedigen.

=2 =6
Grün Braun

Sieht sich genötigt, vorübergehend Konzessionen zu machen, die eigenen Absichten und Ansprüche der Situation anzupassen und sich mit vorläufigen Verzichten abzufinden.

=2 =7
Grün Schwarz

=3

=3
Rot

Dynamische Entleerung; Lustlosigkeit; möchte sich schonen.

=3 =0
Rot Grau

Fühlt sich in der Aktivität behindert, ist gequält und benötigt Schonung.

=3 =1
Rot Blau

Leidet unter der Schwierigkeit, eine innige, harmonische Verbundenheit zu verwirklichen. Fühlt sich dadurch gemüthaft isoliert und gequält.

=3 =2
Rot Grün

Stößt mit dem Willen, sich durchzusetzen, auf Widerstand. Fühlt sich deshalb gequält und ist genötigt, sich mit der Situation abzufinden.

Fühlt sich in der Entfaltung behindert. Hält aber an der Verwirklichung des Wunsches fest. Ist durch die Behinderung gequält und benötigt Schonung und Zusicherungen, um neue Zuversicht zu gewinnen.

=3 =4
Rot Gelb

Empfindet es als quälend, kein Verständnis für die eigenen Bedürfnisse und Erfordernisse zu finden und auf sich allein angewiesen zu sein. Wendet die Sensibilität den eigenen Gefühlen zu und reagiert empfindlich.

=3 =5
Rot Violett

Fühlt sich in einer quälenden Situation gefangen. Ist aber imstande, die sinnlichen Bedürfnisse zu befriedigen.

=3 =6
Rot Braun

Sieht sich genötigt, vorläufig Konzessionen zu machen und den lustlosen Zustand des Verzichtens zu ertragen.

=3 =7
Rot Schwarz

=4

=4
Gelb

Will an der Verwirklichung der Ideal- und Wunschvorstellungen beharrlich festhalten. Ist in der Auswahl der Kontaktbeziehungen anspruchsvoll. Möchte durch Zusicherungen vor Enttäuschung und Entbehrung bewahrt bleiben.

=4 =0
Gelb Grau

Ist zur affektiven Zuwendung und zur Teilnahme bereit, ist aber in der Auswahl der Kontaktbeziehungen anspruchsvoll.

=4 =1
Gelb Blau

Ist im Gefühlskontakt, besonders in der engen Gemeinschaftsbeziehung anspruchsvoll und bleibt dadurch im Wunsch nach einer gemüthaften Verbundenheit unbefriedigt.

=4 =2
Gelb Grün

Fühlt sich durch belastende Unannehmlichkeiten benachteiligt. Hält an der Verwirklichung des Wunschzieles fest und versucht, die Situation durch lavierende Anpassung zu überstehen.

Fühlt sich in der Entfaltung behindert. Hält aber an der Verwirklichung des Wunsches fest. Ist durch die Behinderung lustlos. Benötigt Schonung und Zusicherungen, um neue Zuversicht zu gewinnen.

=4 =3
Gelb Rot

Hält an der Verwirklichung des Wunsches fest und möchte durch Zusicherungen neue Zuversicht gewinnen. Wendet die Sensibilität jedoch den eigenen Gefühlen zu und reagiert deshalb empfindlich.

=4 =5
Gelb Violett

Ist in der Auswahl der Kontaktbeziehungen anspruchsvoll. Erstrebt einen Zustand, der durch sinnliche Behaglichkeit befriedigt und gegen Enttäuschungen Sicherheit bieten soll.

=4 =6
Gelb Braun

Sieht sich genötigt, Konzessionen zu machen, hält aber an der Verwirklichung der Wunschvorstellungen beharrlich fest. Ist in der Auswahl der Kontaktbeziehungen anspruchsvoll.

=4 =7
Gelb Schwarz

=5
Violett

Wendet die Sensibilität den eigenen Gefühlen zu und reagiert daher empfindlich. Reserviert die sensible Empfindsamkeit für eine intime Beziehung.

=5 =0
Violett Grau

Ist zur affektiven Teilnahme bereit. Wendet die Sensibilität aber den eigenen Gefühlen zu und reagiert daher empfindlich.

=5 =1
Violett Blau

Wendet die Sensibilität den eigenen Gefühlen zu. Reagiert daher empfindlich. Bleibt reserviert und empfindet keine gemüthafte Verbundenheit.

=5 =2
Violett Grün

Hat das Gefühl, kein einfühlendes Verständnis zu finden und dadurch benachteiligt und auf sich allein angewiesen zu sein. Wendet die Sensibilität den eigenen Gefühlen zu und reagiert daher empfindlich. Muß sich aber arrangieren und die Ansprüche der Situation anpassen.

Empfindet es als quälend, kein Verständnis für die eigenen Bedürfnisse und Erfordernisse zu finden und auf sich allein angewiesen zu sein. Wendet die Sensibilität den eigenen Gefühlen zu und reagiert daher empfindlich.

=5 =3
Violett Rot

Hält an der Verwirklichung des Wunsches fest und möchte durch Zusicherungen neue Zuversicht gewinnen. Wendet die Sensibilität jedoch den eigenen Gefühlen zu und reagiert deshalb empfindlich.

=5 =4
Violett Gelb

Befriedigt die sinnlichen Bedürfnisse, wendet aber die Sensibilität den eigenen Gefühlen zu.

=5 =6
Violett Braun

Wendet die Sensibilität nur mit Vorbehalten einer intimen Gemeinschaftsbeziehung zu, weil die Voraussetzungen nicht in befriedigender Weise erfüllt sind.

=5 =7
Violett Schwarz

=6

=6
Braun

Vermag die sinnlichen Bedürfnisse zu befriedigen.

=6 =0
Braun Grau

Ist zur affektiven Teilnahme bereit. Vermag die sinnlichen Bedürfnisse zu befriedigen.

=6 =1
Braun Blau

Befriedigt die sinnlichen Bedürfnisse, ohne in der Gefühlsbeziehung gemüthaft gebunden zu sein.

=6 =2
Braun Grün

Ist genötigt, die Ansprüche der Situation anzupassen und sich zu arrangieren. Vermag die sinnlichen Bedürfnisse zu befriedigen.

Fühlt sich in einer quälenden, lustlosen Situation gefangen. Ist aber imstande, die sinnlichen Bedürfnisse dennoch zu befriedigen.

=6 =3
Braun Rot

Ist in der Auswahl der Kontaktbeziehungen anspruchsvoll. Erstrebt einen Zustand, der die sinnlichen Bedürfnisse befriedigt und gegen Enttäuschungen Sicherheit bieten soll.

=6 =4
Braun Gelb

Befriedigt die sinnlichen Bedürfnisse und wendet die Sensibilität den eigenen Gefühlen zu.

=6 =5
Braun Violett

Ist genötigt, vorübergehend Konzessionen zu machen und sich vorläufig mit Verzichten abzufinden. Vermag aber die sinnlichen Bedürfnisse zu befriedigen.

=6 =7
Braun Schwarz

=7
Schwarz

Ist genötigt, vorübergehend Konzessionen zu machen und sich mit vorläufigen Verzichten abzufinden.

=7 =0
Schwarz Grau

Ist genötigt, vorübergehend Konzessionen zu machen, um nicht in eine erlebnisarme und lieblose Isoliertheit zu geraten.

=7 =1
Schwarz Blau

Sieht sich genötigt, vorläufig Konzessionen zu machen. Fühlt sich deshalb weder gemüthaft befriedigt noch verbunden.

=7 =2
Schwarz Grün

Sieht sich genötigt, vorübergehend Konzessionen zu machen, die eigenen Ansprüche und Absichten der Situation anzupassen und sich mit vorläufigen Verzichten abzufinden.

Sieht sich genötigt, vorläufig Konzessionen zu machen und den lustlosen Zustand des Verzichtens zu ertragen.

=7 =3
Schwarz Rot

Sieht sich genötigt, Konzessionen zu machen, hält aber an der Verwirklichung der Wunschvorstellungen beharrlich fest. Ist in der Auswahl der Kontaktbeziehungen anspruchsvoll.

=7 =4
Schwarz Gelb

Wendet die Sensibilität nur mit Vorbehalt einer intimen Gemeinschaftsbeziehung zu, weil die Voraussetzungen nicht in befriedigender Weise erfüllt sind.

=7 =5
Schwarz Violett

Ist genötigt, vorübergehend Konzessionen zu machen und sich mit vorläufigen Verzichten abzufinden. Vermag aber die sinnlichen Bedürfnisse zu befriedigen.

=7 =6
Schwarz Braun

Tabelle IV: – Funktionen

–0
Grau
24,4 %

Affektive Engagiertheit
Unregulierte, rasche Erregbarkeit. Glaubt, daß das Leben mehr zu bieten vermag, als es bei den gegenwärtigen Bedingungen und Verhältnissen der Fall ist, und daß Wichtiges unbedingt noch erreicht werden muß. Befürchtet sehr, zu kurz zu kommen und das Leben nicht mit voller Intensität erlebt zu haben. Will daher nichts auslassen und verfolgt die Ziele mit bohrender Intensität. Engagiert sich sogleich persönlich und übermäßig stark. Ist daher leicht erregbar und läuft Gefahr, zuwenig Distanz zu haben, zuwenig Ruhe zu finden und daher die Nervenkräfte zu erschöpfen. Kann nicht abschalten und glaubt, erst dann Ruhe finden zu können, wenn das Ziel erreicht ist.

–0 –1
Grau Blau
0,9 %
* *

Affektive Engagiertheit – Unruhe, Bindungsleere
Sperrt sich gegen Entspannung, Hingabe und Ruhe. Vermag in einer bestimmten Beziehung die Verhältnisse selbst nicht so zu ändern, daß das Gefühl einer befriedigenden Zugehörigkeit entsteht. Vermag sich deshalb auch nicht gemütvoll aufgeschlossen und vertrauensvoll hinzugeben. Sperrt sich gegen diese unbefriedigende Beziehung und empfindet sie als deprimierende Abhängigkeit. Reagiert deshalb mit leicht reizbarer Empfindlichkeit und gespannter Ungeduld.

Der Drang, sich zu entfernen, erzeugt ein unstetes Getriebensein und kann auch die Konzentrationsfähigkeit stören.

(Benötigt daher als Kompensation das Farbenpaar am Anfang der Reihe.)

Affektive Engagiertheit – behinderte Selbstverwirklichung
Die Willens- und Widerstandskraft ist durch eine zu hohe Spannung überfordert. Die Willensspannkraft, um sich gegen die als Widerstände empfundenen Schwierigkeiten durchzusetzen, ist geschwächt. Fühlt sich überfordert. Ist zermürbt und befindet sich in einer Sackgasse. Hält dennoch an den eigenen Ansprüchen fest und empfindet die widrigen Verhältnisse als unerträglichen Druck, als verständnislose Härte und als demütigende Zwangssituation. Möchte sich von dem Kompromißzustand befreien, weicht aber der Entscheidung und den nötigen Erfordernissen aus.

(Benötigt daher als Kompensation das Farbenpaar am Anfang der Reihe.)

–0 –2
Grau Grün
0,4 %
* *

Affektive Engagiertheit – Überreizung
Stauung der Erregungen, um den quälenden Ärger und die erschöpfenden Aufregungen zu dämpfen; nervöse Herzbelastung. Leidet unter der als quälend widrig empfundenen Situation. Ist empört und ärgert sich, weil die erfolgreiche Verwirklichung des erstrebten Zieles bedroht ist. Leidet unter der Ohnmacht, sich dagegen wirksam wehren zu können, und fühlt sich bis zur vitalen Erschöpfung angegriffen.

(Benötigt daher als Kompensation das Farbenpaar am Anfang der Reihe.)

–0 –3
Grau Rot
0,5 %
* *

–0 –4
Grau Gelb
1,7 %
* *

Affektive Engagiertheit – thematisch fixierte Erwartungsspannung
Überreizung wegen unerfüllter Erwartungen. Die unerfüllten Hoffnungen und Erwartungen erzeugen eine besorgte Ungewißheit und gespannte Wachsamkeit.

Beansprucht Sicherheit und Zuverlässigkeit, um sich vor einer Enttäuschung und vor dem Verlust von Geltung, von Einfluß und vor blamierender Zurückweisung zu bewahren.

Durch die Zweifel an der künftig günstigen Entwicklung wird an eine bestimmte Erwartung ein übersteigerter, konzessionsloser Anspruch gestellt.

(Benötigt daher als Kompensation das Farbenpaar am Anfang der Reihe.)

–0 –5
Grau Violett
1,7 %

Affektive Engagiertheit – Ideal-Vorstellung
Spannung durch Stauung der sensiblen Erregbarkeit. Wird durch das Bedürfnis, reizvoll-feinfühlig verstanden zu werden, in den magischen Bann der Faszination und Begeisterung gezogen. Hütet sich aber mit wählerisch beobachtender Kritik davor, sich aus Begeisterung mitreißen und verführen zu lassen, wenn kein aufrichtiges Vertrauen gewährleistet ist. Das starke Bedürfnis nach einer idealen, gefühlvollen und verständnisvollen Übereinstimmung ist in einer wesentlichen Gemeinschaftsbeziehung nicht erfüllt worden. Empfindet es als quälend, daß kein vorbehaltloses Vertrauen und Verständnis entgegengebracht wird. Beobachtet mit feinfühliger Aufmerksamkeit, wie man zu ihm/ihr steht und nimmt deshalb eine kritisch prüfende Haltung ein. Die Sensibilität und das wählerisch-kritische Prüfen befähigen ihn/sie zu einem eigenen ästhetisch-geschmacklichen Urteil. Möchte besonders in der Gemeinschaftsbeziehung klare Verhältnisse schaffen, mehr Verständnis finden und durch ein aufrichtiges Vertrauen eine beruhigende Gewißheit erlangen.

Affektive Engagiertheit – Stauung der Bedürfnisse

–0 –6

Grau Braun

3,8 %

Nimmt auf die Schonung und Erholung des Körpers keine genügende Rücksicht.

Sieht, daß das eigene Ziel nicht erreicht wird, wenn er/sie sich dem Hang nach einer bequemen Lebensführung hingibt. Will deshalb vermeiden, vom Bedürfnis nach Genüssen und nach körperlichem Behagen abhängig zu sein, besonders, wenn es darum geht, das wichtige Hauptziel zu verfolgen. Will dieses Ziel erreichen, um dadurch das Selbstgefühl aufzuwerten und die geheimen Selbstzweifel zu beseitigen. Ist bestrebt, sich bewußt aus der Durchschnittlichkeit der Masse herauszuheben. Beansprucht von der Umwelt und besonders vom Partner als individuelle Persönlichkeit geachtet und würdig behandelt zu werden. Braucht dringend persönliche Aufmerksamkeiten und Anerkennung, um als geschätzter Partner gewürdigt zu werden.

Affektive Engagiertheit – Ablehnung der Einengung Intensivierung der Erregbarkeit.

–0 –7

Grau Schwarz

15,3 %

Will das Gefühl der Leere und der lieblosen Distanz überwinden und die Möglichkeiten, die das Leben bietet, kennenlernen und mit voller Intensität erleben. Will sich deshalb durch keine Beschränkungen einengen lassen, sondern unbehindert und frei verfügen können, um sich den Interessen voll hingeben zu können und alles zu tun, was nach der eigenen Überzeugung für richtig und erlebenswert gehalten wird.

–1
Blau
9,7 %
*

Unruhe, Sperrung gegen die gemüthafte Hingabe
Sperrt sich gegen Entspannung, Hingabe und Ruhe. Braucht Erwartungen und Reize, um die depressive Erschlaffung zu verhindern.

Vermag in einer bestimmten Beziehung die Verhältnisse selbst nicht so zu ändern, daß das Gefühl einer befriedigenden Zugehörigkeit entsteht. Vermag sich deshalb auch nicht gemütvoll aufgeschlossen und vertrauensvoll hinzugeben. Sperrt sich gegen diese unbefriedigende Beziehung und empfindet sie als deprimierende Abhängigkeit. Reagiert deshalb mit leicht reizbarer Empfindlichkeit und gespannter Ungeduld. Der Drang, sich zu entfernen, erzeugt ein unstetes Getriebensein und kann auch die Konzentrationsfähigkeit stören.

Kurz: Angst vor unbefriedigender Zugehörigkeit.

(Benötigt daher als Kompensation das Farbenpaar am Anfang der Reihe.)

–1 –0
Blau Grau
1,5 %
*

Unruhe – affektive Erregbarkeit
Fühlt sich nicht in der Lage, die Verhältnisse so zu gestalten, daß eine befriedigende Zugehörigkeit besteht. Kann sich deshalb nicht gemütvoll und vertrauensvoll hingeben. Sperrt sich gegen eine unbefriedigende Beziehung, die als deprimierende Abhängigkeit empfunden wird. Hat das Gefühl, daß das Leben mehr zu bieten habe, als es bei den gegenwärtigen Bedingungen und Verhältnissen der Fall ist. Meint, daß die gespannte Ungeduld und gereizte Unzufriedenheit sich erst lösen wird, wenn das Entbehrte erreicht worden ist. Der Drang, sich zu entfernen, erzeugt ein unstetes Getriebensein und kann die Konzentrationsfähigkeit stören.

Unruhe – behinderte Selbstverwirklichung

–1 –2
Blau Grün
0,2 %
* * *

Die Willensspannkraft ist durch die Schwierigkeiten überfordert, die zu überwinden sind und als Widerstand empfunden werden. Hält dennoch an den eigenen Ansprüchen fest und empfindet die widrigen Verhältnisse als unerträglichen Druck, als verständnislose Härte und demütigenden Zwang. Sieht sich außerstande, die Verhältnisse in dieser Hinsicht selbst so zu ändern, daß das Gefühl des Vertrauens und der Zugehörigkeit entsteht. Hat den Drang, sich von diesen belastenden Schwierigkeiten zu befreien und sich zu entfernen.

(Benötigt daher als Kompensation das Farbenpaar am Anfang der Reihe.)

Unruhe, Sperrung der gemüthaften Hingabe – Überreizung der Erlebnisverarbeitung

–1 –3
Blau Rot
0,2 %
* * *

Leidet unter den als quälend, widrig empfundenen Bedingungen einer Beziehung. Sieht sich außerstande, eine vertrauensvolle Verbundenheit zu verwirklichen. Fühlt sich bis zur nervlichen Erschöpfung angegriffen und empfindet die Beziehung als quälende Abhängigkeit.

(Benötigt daher als Kompensation das Farbenpaar am Anfang der Reihe.)

−1 −4
Blau Gelb
0,3 %
* * *

Sperrung der gemüthaften Hingabe, unglückliche Bindung — thematisch fixierte Sorge
Empfindet die unbefriedigende Gefühlsbeziehung als deprimierende Abhängigkeit, da die Harmonie gestört ist. Will sich einerseits von dem Gefühl der Zugehörigkeit befreien und sich entfernen, will aber anderseits auch nichts verlieren und sich keiner Ungewißheit oder neuen Enttäuschungen aussetzen. Empfindet deshalb die zwiespältigen Gefühle als irritierend und überdeckt diese Gefühlsbeziehung durch nüchterne, unzugängliche Härte.

(Benötigt daher als Kompensation das Farbenpaar am Anfang der Reihe.)

−1 −5
Blau Violett
2,0 %
*

Sperrung der gemüthaften Hingabe — unerfüllte Ideal-Vorstellung
Ist nicht in der Lage, die Verhältnisse selbst so zu ändern, daß das Gefühl einer befriedigenden und vertrauensvollen Zugehörigkeit besteht. Da das Bedürfnis, feinfühlig verstanden zu werden, um sich gemütvoll aufschließen zu können, unbefriedigt bleibt, wird die Beziehung als deprimierende Abhängigkeit empfunden. Dadurch entsteht eine gespannte Ungeduld, eine leicht reizbare Empfindlichkeit und der Drang, sich zu entfernen.

Sperrung der gemüthaften Hingabe –
Stauung der leiblichen Bedürfnisse

–1 –6
Blau Braun
0,6 %
*

Sieht sich nicht in der Lage, die Verhältnisse selbst so zu ändern, daß das Gefühl einer befriedigenden Gemeinschaft entsteht. Ist unzufrieden und begehrt eine behagliche Geborgenheit. Weil verständnisvolle Anerkennung, Vertrauen und Wertschätzung fehlen, ist das Gefühl der Zugehörigkeit unbefriedigt. Aus der Unzufriedenheit hat sich eine leicht reizbare Empfindlichkeit entwickelt. Die Beziehung wird unter diesen Umständen als deprimierende Abhängigkeit empfunden, so daß der Drang, sich zu entfernen und sich selbst zu behaupten, entstanden ist. Durch die Selbstbezogenheit fehlt jetzt auch die Bereitschaft, sich in einer Gemeinschaft verweilend hinzugeben. Die als Weichheit empfundene Selbstunsicherheit wird verborgen und durch eine scheinbar selbstsichere Entschiedenheit und Äußerungsweise zu bemeistern versucht. Will dadurch das Gefühl der Überlegenheit gewinnen und sich in dieser unbehaglichen Durchgangssituation durch Unabhängigkeit behaupten.

Unruhe, Sperrung der gemüthaften Hingabe –
Ablehnung der Einengung

–1 –7
Blau Schwarz
4,9 %
*

Sieht sich nicht in der Lage, die Verhältnisse selbst so zu ändern, daß das Gefühl einer befriedigenden Zugehörigkeit entsteht. Vermag sich deshalb nicht gemütvoll und vertrauensvoll hinzugeben. Empfindet die unbefriedigende Beziehung als deprimierende Abhängigkeit. Will aber frei verfügen können und sich nicht eingeengt oder zu Beschränkungen und Verzichten genötigt fühlen. Reagiert daher mit leicht reizbarer Empfindlichkeit und mit Ungeduld. Der Wunsch, sich zu entfernen, erzeugt ein unstetes Getriebensein und stört auch die Konzentrationsfähigkeit.

–2
Grün
4,9 %
*

Behinderte Selbstverwirklichung

Die Willens- und Widerstandskraft ist durch eine zu hohe Spannung überfordert.

Die Willensspannkraft, um sich gegen die als Widerstände empfundenen Schwierigkeiten durchzusetzen, ist geschwächt. Fühlt sich überfordert. Ist zermürbt und befindet sich in einer Sackgasse. Hält dennoch an den eigenen Ansprüchen fest und empfindet die widrigen Verhältnisse als unerträglichen Druck, als verständnislose Härte und als demütigende Zwangssituation. Möchte sich von dem Kompromißzustand befreien, weicht aber der Entscheidung und den nötigen Erfordernissen aus. Kurz: Hat Angst vor der notwendigen Entscheidung, die vom Kompromißzustand befreien könnte.

(Benötigt daher als Kompensation das Farbenpaar am Anfang der Reihe.)

–2 –0
Grün Grau
0,7 %
* *

Behinderte Selbstverwirklichung – affektive Erregbarkeit

Hat die Willensspannkraft, um sich gegen die Widerstände durchzusetzen, verloren. Fühlt sich dadurch überfordert und befindet sich in einer Sackgasse. Hält aber an den Ansprüchen fest und verfolgt das Ziel mit bohrender Intensität. Empfindet die widrigen Verhältnisse als unerträglichen Druck, als verständnislose Härte und als demütigenden Zwang. Möchte sich davon befreien, weicht aber den nötigen Erfordernissen und der Entscheidung aus. Bleibt deshalb übermäßig stark an das Problem engagiert, findet zuwenig Distanz und kann nicht abschalten. Glaubt, erst dann Ruhe finden zu können, wenn die widrigen Verhältnisse beseitigt sind.

Behinderte Selbstverwirklichung – Getriebenheit

–2 –1
Grün Blau
* * *

Die Willensspannkraft ist durch die Schwierigkeiten überfordert, die zu überwinden sind und als Widerstand empfunden werden. Hält dennoch an den eigenen Ansprüchen fest und empfindet die widrigen Verhältnisse als unerträglichen Druck, als verständnislose Härte und demütigenden Zwang. Sieht sich außerstande, die Verhältnisse in dieser Hinsicht selbst so zu ändern, daß das Gefühl des Vertrauens und der Zugehörigkeit entsteht. Hat den Drang, sich von diesen belastenden Schwierigkeiten zu befreien und sich zu entfernen.

(Benötigt daher als Kompensation das Farbenpaar am Anfang der Reihe.)

Behinderte Selbstverwirklichung –
Überreizung der Erlebnisverarbeitung

–2 –3
Grün Rot
0,2 %
* * *

Leidet unter den als quälend, widrig empfundenen Bedingungen. Fühlt sich durch den unerträglichen Druck und die verständnislose Härte einem demütigenden Zwang ausgesetzt. Ist gegen die Zumutungen empört, fühlt sich aber der Situation ohnmächtig unterlegen und außerstande, sich wirksam dagegen wehren zu können.

(Benötigt daher als Kompensation das Farbenpaar am Anfang der Reihe.)

–2 –4
Grün Gelb
0,4 %
* * *

Behinderte Selbstverwirklichung –
thematisch fixierte Sorge

Die unerfüllten Hoffnungen und Erwartungen erzeugen eine besorgte Ungewißheit. Durch die Zweifel an der künftig günstigen Entwicklung hat sich die Notwendigkeit zur Entscheidung eingestellt. Doch besteht ein Zwiespalt zwischen Hoffnung und Notwendigkeit und übt einen unerträglichen, zermürbenden Druck aus. Deshalb wird an Stelle der vernünftigen Entscheidung die Flucht in eine banalisierende Betäubung ergriffen.

(Benötigt daher als Kompensation das Farbenpaar am Anfang der Reihe.)

–2 –5
Grün Violett
1,0 %
*

Behinderte Selbstverwirklichung –
unerfüllte Ideal-Vorstellungen

Fühlt sich in einer demütigenden Zwangslage, weil kein liebevolles Verständnis und Vertrauen entgegengebracht wird. Empfindet dieses Verhalten als rücksichtslose Härte. Hat in dieser für das eigene Selbstgefühl wesentlichen Beziehung die attraktive Wirkung und Wertschätzung eingebüßt. Fühlt sich lieblos übergangen. Kann die zermürbende Demütigung nicht überwinden und ist es müde, sich ohne die benötigte liebevolle Anerkennung und Bestätigung gegen die Schwierigkeiten selbständig durchzusetzen. Befindet sich in einer Sackgasse, da an Stelle der benötigten Bewunderung nur demütigende Verständnislosigkeit entgegengebracht wird.

Möchte sich zwar von dieser zwiespältigen Beziehung befreien, weicht aber der notwendigen Entscheidung aus, weil die nötige Willenskraft für eine echte unabhängige Selbständigkeit fehlt.

Behinderte Selbstverwirklichung –
Stauung der Bedürfnisse

–2 –6
Grün Braun
0,7 %
*

Das Bedürfnis, sich in einer Gemeinschaft zu vereinigen, die den beanspruchten Bedingungen genügt, ist nicht befriedigt. Hält aber am eigenen Anspruch fest und empfindet die widrigen Verhältnisse als zermürbenden Druck, als verständnislose Härte und als demütigende Zwangssituation. Möchte sich von dem unbehaglichen Kompromißzustand befreien, weicht aber der Entscheidung aus und bringt die erforderliche, konsequente Durchsetzungskraft nur schwer auf. Benötigt die Respektierung der eigenen Wünsche, die Anerkennung als individuelle Persönlichkeit und braucht liebebeweisende Aufmerksamkeit, um sich in einer Gemeinschaft geborgen zu fühlen.

Behinderte Selbstverwirklichung –
Ablehnung der Behinderung

–2 –7
Grün Schwarz
1,7 %
*

Will unabhängig und frei verfügen können. Weicht Behinderungen und einengenden Verpflichtungen aus. Hofft, sich dadurch von den widrigen Verhältnissen, dem unerträglichen Druck und der demütigenden Zwangssituation zu befreien, um die eigenen Ansprüche befriedigen zu können. Doch fehlt es an Ausdauer, um die nötigen Erfordernisse zu erfüllen.

–3
Rot
5,0 %
*

Überreizung der Erlebnisverarbeitung
Stauung der Erregungen, zur Dämpfung der quälenden und erschöpfenden Übererregung (infolge Aufregung, Ärger oder sexueller Triebangst); nervöse Herzbelastung.

Leidet unter der als quälend widrig empfundenen Situation. Ist empört und ärgert sich, weil die erfolgreiche Verwirklichung des erstrebten Zieles bedroht ist. Leidet unter der Ohnmacht, sich dagegen wirksam wehren zu können, und fühlt sich bis zur vitalen Erschöpfung angegriffen.

Kurz: Angst vor Behinderung der Forderungen und vor quälender Ohnmacht.

(Benötigt daher als Kompensation das Farbenpaar am Anfang der Reihe.)

–3 –0
Rot Grau
0,8 %
* *

Überreizung der Erlebnisverarbeitung – affektive Engagiertheit
Leidet unter den als quälend, widrig empfundenen Bedingungen. Ist gegen sie feindselig empört, da sie die Verwirklichung des mit aller Intensität erstrebten Zieles bedrohen. Leidet unter der quälenden Ohnmacht, sich gegen sie wirksam wehren zu können. Befürchtet etwas vom Wichtigsten, was das Leben zu bieten habe, nicht erreichen zu können und dadurch zu kurz zu kommen. Ist durch das gegenwärtige Anliegen leicht erregbar und fühlt sich bis zur Erschöpfung der Nervenkräfte (Herz) angegriffen. Kann zuwenig Distanz und keine Ruhe finden, solange die bedrohenden Ursachen nicht beseitigt sind.

Überreizung der Erlebnisverarbeitung –
Sperrung der gemüthaften Hingabe, Unruhe

–3 –1
Rot Blau
0,2 %
* * *

Leidet unter den als quälend, widrig empfundenen Bedingungen einer Beziehung. Sieht sich außerstande, eine vertrauensvolle Verbundenheit zu verwirklichen. Fühlt sich bis zur nervlichen Erschöpfung angegriffen und empfindet die Beziehung als quälende Abhängigkeit.

(Benötigt daher als Kompensation das Farbenpaar am Anfang der Reihe.)

Überreizung der Erlebnisverarbeitung –
Behinderte Selbstverwirklichung

–3 –2
Rot Grün
0,1 %
* * *

Leidet unter den als quälend, widrig empfundenen Bedingungen. Fühlt sich durch den unerträglichen Druck und die verständnislose Härte einem demütigenden Zwang ausgesetzt. Ist gegen die Zumutungen empört, fühlt sich aber der Situation ohnmächtig unterlegen und außerstande, sich wirksam dagegen wehren zu können.

(Benötigt daher als Kompensation das Farbenpaar am Anfang der Reihe.)

−3 −4
Rot Gelb
1,5 %
* *

Überreizung der Erlebnisverarbeitung – Thematisch fixierte Sorge und Erwartungsspannung
Will eine stark beeindruckende Wirkung entfalten. Ist aber über die Ungewißheit besorgt, ob der erwartete Erfolg eintreten wird. Da die Erwartung zu einem unbedingten Anspruch übersteigert ist, entsteht ein quälendes Gefühl der eigenen Ohnmacht, weil unter den bestehenden Bedingungen Wirkung und Erfolg bedroht sind und die Befriedigung in Frage gestellt ist. Fühlt sich schon durch die Möglichkeit eines Mißerfolges persönlich blamiert und kann sich dadurch bis zur nervlichen Erschöpfung angegriffen fühlen. Erlebt sich dann in der Rolle des Empörten, Enttäuschten und Betrogenen. Hält die dramatisierten Gefühle für Realität und glaubt, daß sie wie eine magische Wirkung die Angst vor dem Verlust an Geltung und Einfluß zu bezwingen vermögen.

(Benötigt daher als Kompensation das Farbenpaar am Anfang der Reihe.)

−3 −5
Rot Violett
0,8 %
* *

Überreizung der Erlebnisverarbeitung – Unerfüllte Ideal-Vorstellung
Besitzt eine starke Erlebnisintensität und sensible Erregbarkeit und ärgert sich wegen der als widrig empfundenen, quälenden Situation. Benötigt Verständnis und vertrauenswürdige Sicherheit und leidet unter der eigenen Ohnmacht, das erstrebte Ziel zu erreichen. Fühlt sich dadurch bis zur nervlichen Erschöpfung angegriffen.

Überreizung der Erlebnisverarbeitung – Stauung der vitalen Bedürfnisse

–3 –6
Rot Braun
0,7 %
*

Leidet unter der als quälend, widrig empfundenen Situation und fühlt sich verkannt. Braucht persönliche Aufmerksamkeiten und würdigende Anerkennung, weil die befriedigende Geborgenheit in einer als ebenbürtig empfundenen Gemeinschaft fehlt. Durch die Selbstbezogenheit ist die Bereitschaft beschränkt, sich in der Gemeinschaft verweilend hinzugeben. Durch die Isoliertheit wird das Begehren nach befriedigender Vereinigung so stark, daß es als drängendes Triebbedürfnis empfunden wird und die Selbstsicherheit irritiert. Die als Weichheit empfundene Selbstunsicherheit wird verborgen und durch eine scheinbar selbstsichere Entschiedenheit und Äußerungsweise zu bemeistern versucht. Will dadurch das Gefühl der Überlegenheit gewinnen und sich in dieser unbehaglichen Durchgangssituation behaupten.

Möchte um seiner selbst willen geliebt werden. Braucht dringend persönliche Aufmerksamkeiten und Anerkennung, um als geschätzter Partner gewürdigt zu werden.

Überreizung der Erlebnisverarbeitung – Ablehnung der Behinderung

–3 –7
Rot Schwarz
0,9 %
*

Fühlt sich der unerträglichen, quälenden Situation ohnmächtig ausgeliefert. Ärgert sich über die Aussichtslosigkeit, zu einem Ziel zu kommen, und fühlt sich bis zur nervlichen Erschöpfung angegriffen. Will sich davon befreien, um unbehindert zu sein und nach der eigenen Überzeugung frei verfügen zu können.

—4
Gelb
9,1 %
*

Thematisch fixierte Sorge, Erwartungsspannung

Überreizung durch Spannung (wegen unerfüllter Erwartungen).

Die unerfüllten Hoffnungen und Erwartungen erzeugen eine besorgte Ungewißheit und gespannte Wachsamkeit.

Beansprucht Sicherheit und Zuverlässigkeit, um sich vor einer Enttäuschung, vor dem Verlust von Geltung, von Einfluß und vor blamierender Zurückweisung zu bewahren.

Durch die Zweifel an der künftig günstigen Entwicklung wird an eine bestimmte Erwartung ein übersteigerter, konzessionsloser Anspruch gestellt.

Kurz: Überreizte Erwartungsspannung; Angst vor Enttäuschung und vor Geltungsverlust.

(Benötigt daher als Kompensation das Farbenpaar am Anfang der Reihe.)

—4 —0
Gelb Grau
2,1 %
*

Thematisch fixierte Erwartungsspannung — Affektive Engagiertheit

Ist überzeugt, daß das Leben mehr zu bieten vermag, als es bei den gegenwärtigen Bedingungen und Verhältnissen der Fall ist, und daß die unerfüllten Hoffnungen und Erwartungen unbedingt verwirklicht werden müssen. Glaubt, andernfalls zu kurz zu kommen und das Leben nicht mit voller Intensität erlebt zu haben.

Stellt den übersteigerten und konzessionslosen Anspruch, daß sich die Erwartung erfüllen müsse. Ist wegen der Ungewißheit besorgt und wachsam gespannt, um die Chance nicht zu verpassen. Hat Angst vor der Enttäuschung und vor dem Verlust an Geltung und an Einfluß. Möchte sich vor einer blamierenden Zurückweisung bewahren und benötigt daher mit ungeduldiger Dringlichkeit zuverlässige Sicherheiten.

Thematisch fixierte Besorgnis – Unglückliche Bindung, Sperrung der gemüthaften Hingabe

–4 –1
Gelb Blau
0,2 %
* * *

Empfindet die unbefriedigende Gefühlsbeziehung als deprimierende Abhängigkeit, da die Harmonie gestört ist. Will sich einerseits von dem Gefühl der Zugehörigkeit befreien und sich entfernen, will aber andererseits auch nichts verlieren und sich keiner Ungewißheit oder neuen Enttäuschung aussetzen. Empfindet deshalb die zwiespältigen Gefühle als irritierend und überdeckt die Gefühlsbeziehung durch nüchterne, unzugängliche Härte.

(Benötigt daher als Kompensation das Farbenpaar am Anfang der Reihe.)

Thematisch fixierte Besorgnis – Behinderte Selbstverwirklichung

–4 –2
Gelb Grün
0,2 %
* * *

Da sich die Ansprüche nicht durchsetzen lassen, erzeugen die unerfüllten Hoffnungen und Erwartungen eine besorgte Ungewißheit. Durch die Zweifel an der künftig günstigen Entwicklung hat sich die Notwendigkeit zur Entscheidung eingestellt. Doch besteht ein Zwiespalt zwischen Hoffnung und Notwendigkeit und übt einen unerträglichen, zermürbenden Druck aus. Da der Spannungszustand nicht mehr ertragen werden kann, wird an Stelle der vernünftigen Entscheidung die Flucht in eine banalisierende Betäubung ergriffen.

(Benötigt daher als Kompensation das Farbenpaar am Anfang der Reihe.)

–4 –3
Gelb Rot
0,9 %
* *

Thematisch fixierte Besorgnis – Überreizung der Erlebnisverarbeitung

Will eine stark beeindruckende Wirkung entfalten. Ist aber über die Ungewißheit besorgt, ob der erwartete Erfolg eintreten wird. Da die Erwartung zu einem unbedingten Anspruch übersteigert ist, entsteht ein quälendes Gefühl der eigenen Ohnmacht, weil unter den bestehenden Bedingungen Wirkung und Erfolg bedroht sind und die Befriedigung in Frage gestellt ist. Fühlt sich schon durch die Möglichkeit eines Mißerfolges persönlich blamiert und kann sich dadurch bis zur nervlichen Erschöpfung angegriffen fühlen. Erlebt sich dann in der Rolle des Empörten, Enttäuschten und Betrogenen. Hält die dramatisierten Gefühle für Realität und glaubt, daß sie wie eine magische Wirkung die Angst vor dem Verlust an Geltung und Einfluß zu bezwingen vermögen.

(Benötigt daher als Kompensation das Farbenpaar am Anfang der Reihe.)

–4 –5
Gelb Violett
1,2 %
*

Thematisch fixierte Besorgnis – Unerfüllte Ideal-Vorstellung

Befürchtet, sich von der eigenen Begeisterung und Phantasie mitreißen zu lassen und sich von Hoffnungen verführen zu lassen, die lieblos enttäuscht werden.

Fühlt sich betrogen, igelt sich ein und kontrolliert mit kritischer Wachsamkeit, die sich bis zum Mißtrauen steigern kann, ob die Erwartungen mit aufrichtigem Vertrauen und feinfühlender Aufmerksamkeit erfüllt werden.

Thematisch fixierte Besorgnis – Stauung der Bedürfnisse

–4 –6
Gelb Braun
1,1 %
*

Will sich in diesem unbehaglichen Durchgangszustand gegen das Gefühl der Einsamkeit und der besorgten Ungewißheit behaupten. Der Wunsch, sich in jener Gemeinschaft zu vereinigen und geborgene Sicherheit zu finden, welche die eigenen Ansprüche befriedigt, ist unter den bestehenden Umständen nicht erfüllt.

Will mit großem Eifer die Absicht durchsetzen und macht sich Sorgen, ob sich die Erwartung erfüllen werde. Auch das Bedürfnis nach leiblicher Behaglichkeit stellt er/sie zurück, um nicht von ihm abhängig zu sein. Der Durchsetzungswille erzeugt eine so andauernde Spannung, daß ein Zustand der Überreizung entstehen kann. Die als Weichheit empfundene Unsicherheit wird verborgen und durch eine scheinbar selbstsichere Entschiedenheit und Äußerungsweise zu bemeistern versucht. Außerdem wird die eigene Persönlichkeit durch etwas Besonderes zur Geltung gebracht. Dadurch wird die meist uneingestandene Angst vor Blamage mit einer scheinbaren Unabhängigkeit und Ungeniertheit überspielt, wobei jeder, der das exponierte Verhalten kritisiert, mit geringschätzender Gleichgültigkeit übergangen wird. In Wirklichkeit werden aber persönliche Aufmerksamkeiten und die Zusicherung der Wertschätzung und die ausdrückliche Anerkennung dringend benötigt.

Thematisch fixierte, besorgte Erwartungsspannung – Ablehnung der Behinderung

–4 –7
Gelb Schwarz
3,4 %

Die unerfüllten Hoffnungen und Erwartungen erzeugen eine besorgte Ungewißheit und gespannte Wachsamkeit.

Will frei verfügen können und ist nicht bereit, zu verzichten oder sich mit einengenden Beschränkungen abzufinden, sofern sie nicht der eigenen Überzeugung entspringen.

Beansprucht zuverlässige Sicherheit, um sich vor einer Enttäuschung und vor Verlust an Geltung, an Einfluß und vor blamierender Zurückweisung zu bewahren. Durch die Zweifel an der künftig günstigen Entwicklung wird an eine bestimmte Erwartung ein gesteigerter, bedingungsloser Anspruch gestellt.

–5
Violett
8,8 %

Unerfüllte Ideal-Vorstellung
Spannung durch Stauung der sensiblen Erregbarkeit.
Wird durch die sensible Erregbarkeit und durch das Bedürfnis, reizvoll-feinfühlig verstanden zu werden, in den magischen Bann der Faszination und Begeisterung gezogen.

Hütet sich aber mit wählerisch beobachtender Kritik davor, sich aus Begeisterung mitreißen und verführen zu lassen, wenn kein aufrichtiges Vertrauen gewährleistet ist. Kontrolliert deshalb alle Gefühlsbeziehungen mit sensibler Aufmerksamkeit, um klar zu wissen, woran man ist. Beansprucht vertrauenswürdige Aufrichtigkeit, um sich gegen die lieblose Ausnützung der eigenen Vertrauensseligkeit zu schützen. Kurz: Ungewißheit; Anspruch auf vertrauenswürdige Aufrichtigkeit.

–5 –0
Violett Grau
1,7 %

Unerfüllte Ideal-Vorstellung — Affektive Engagiertheit
Ist überzeugt, daß das Leben mehr zu bieten vermag, als es bei den gegenwärtigen Bedingungen der Fall ist, und daß unbedingt die faszinierende, reizvoll-feinfühlige und verständnisvolle Beziehung gefunden werden müsse.

Befürchtet andernfalls, zu kurz zu kommen und das Leben nicht mit voller Intensität erlebt zu haben. Will daher keine Gelegenheit auslassen; hütet sich aber mit wählerisch beobachtender Kritik davor, sich aus Begeisterung mitreißen zu lassen, wenn kein aufrichtiges Vertrauen gewährleistet ist. Kontrolliert deshalb alle Gefühlsbeziehungen mit feinfühliger Aufmerksamkeit, um klar zu wissen, woran man ist. Beansprucht aufrichtiges Vertrauen, um sich gegen die lieblose Ausnützung der eigenen Vertrauensseligkeit zu schützen.

Unerfüllte Ideal-Vorstellung – Sperrung der gemüthaften Hingabe

–5 –1
Violett Blau
0,9 %
*

Ist nicht in der Lage, die Verhältnisse selbst so zu ändern, daß das Gefühl einer befriedigenden und vertrauensvollen Zugehörigkeit besteht. Da das Bedürfnis, feinfühlig verstanden zu werden, um sich gemütvoll aufschließen zu können, unbefriedigt bleibt, wird die Beziehung als deprimierende Abhängigkeit empfunden. Dadurch entsteht eine gespannte Ungeduld, eine leicht reizbare Empfindlichkeit und der Drang, sich zu entfernen.

(Benötigt daher als Kompensation das Farbenpaar am Anfang der Reihe.)

Unerfüllte Ideal-Vorstellung – Behinderte Selbstverwirklichung

–5 –2
Violett Grün
0,5 %
*

Fühlt sich in einer demütigenden Zwangslage, weil kein liebevolles Verständnis und Vertrauen entgegengebracht wird. Empfindet dieses Verhalten als rücksichtslose Härte. Hat in dieser für das eigene Selbstgefühl wesentlichen Beziehung die attraktive Wirkung und Wertschätzung eingebüßt. Fühlt sich lieblos übergangen. Kann die zermürbende Demütigung nicht überwinden und ist es müde, sich ohne die benötigte liebevolle Anerkennung und Bestätigung gegen die Schwierigkeiten selbständig durchzusetzen. Befindet sich in einer Sackgasse, da an Stelle der benötigten Bewunderung nur demütigende Verständnislosigkeit entgegengebracht wird.

Möchte sich zwar von dieser zwiespältigen Beziehung befreien, weicht aber der notwendigen Entscheidung aus, weil die nötige Willenskraft für eine echte unabhängige Selbständigkeit fehlt.

(Benötigt daher als Kompensation das Farbenpaar am Anfang der Reihe.)

–5 –3

Violett Rot

0,3 %

* *

Unerfüllte Ideal-Vorstellung – Überreizung der Erlebnisverarbeitung

Besitzt eine starke Erlebnisintensität und sensible Erregbarkeit und ärgert sich wegen der als widrig empfundenen, quälenden Situation. Benötigt Verständnis und vertrauenswürdige Sicherheit und leidet unter der eigenen Ohnmacht, das erstrebte Ziel zu erreichen. Fühlt sich dadurch bis zur nervlichen Erschöpfung angegriffen.

(Benötigt daher als Kompensation das Farbenpaar am Anfang der Reihe.)

–5 –4

Violett Gelb

0,9 %

*

Unerfüllte Ideal-Vorstellung – Besorgnis und Erwartungsspannung

Befürchtet, sich von der eigenen Begeisterung und Phantasie mitreißen zu lassen und sich von Hoffnungen verführen zu lassen, die lieblos enttäuscht werden.

Fühlt sich betrogen, igelt sich ein und kontrolliert mit kritischer Wachsamkeit, die sich bis zum Mißtrauen steigern kann, ob die Erwartungen mit aufrichtigem Vertrauen und feinfühlender Aufmerksamkeit erfüllt werden.

(Benötigt daher als Kompensation das Farbenpaar am Anfang der Reihe.)

Unerfüllte Ideal-Vorstellung — Stauung der Bedürfnisse

—5 —6

Violett Braun

1,0 %

Möchte sich mit einem Partner zur Gemeinschaft vereinigen, der sowohl den wählerischen, ästhetischen Geschmack befriedigt, als auch ein feinfühliges Verständnis besitzt und durch rücksichtsvolle Aufmerksamkeit eine ungetrübte, harmonische Übereinstimmung gewährleistet. Will sich selbst als Persönlichkeit behaupten. Nimmt deshalb besonders auch zum Partner und zur Partnerbeziehung kritisch Stellung. Dadurch wird die Unmittelbarkeit der Gefühlsbeziehung immer wieder unterbrochen, so daß ein Wechsel zwischen Distanzierung und Annäherung stattfindet. Die als Weichheit empfundene Selbstunsicherheit wird verborgen und durch eine scheinbar selbstsichere Entschiedenheit und Äußerungsweise zu bemeistern versucht. Will dadurch das Gefühl der Überlegenheit gewinnen und sich in dieser unbehaglichen Durchgangssituation behaupten. Will sich aus den triebabhängigen Masseninstinkten herausheben und als differenzierte, individuelle Persönlichkeit anerkannt werden.

Das wählerische, kritische Feingefühl und der Wille zur persönlichen Stellungnahme befähigen zu einem eigenen Geschmacksurteil und zu selbstbewußt vertretenen Ansichten. Liebt originelle Feinheiten. Erstrebt Beziehungen, die die eigene Persönlichkeit fördern.

Unerfüllte Ideal-Vorstellung — Ablehnung der Behinderung

—5 —7

Violett Schwarz

3,6 %

Verlangt besonders vom Partner und den Menschen, mit denen eine Gemeinschaftsbeziehung besteht, daß man ihm/ihr großzügig und verständnisvoll die Freiheit läßt, nach der eigenen Überzeugung zu entscheiden. Lehnt jede autoritäre Beeinflussung ab. Ist bestrebt, die Verhältnisse zu klären und so zu ordnen, daß er/sie die Ziele ohne Behinderung und ohne Einschränkung verfolgen kann.

−6
Braun
15,5 %

Stauung der vitalen Bedürfnisse
Nervlich-körperliche oder sinnlich-sexuelle Spannung. Stress-Tendenz und ungenügende nervlich-körperliche Schonung und Erholung.
Das Bedürfnis, sich einer Gemeinschaft zu vereinigen, die den gesteigerten eigenen Ansprüchen genügt, ist nicht befriedigt. Durch die isolierende Selbstbehauptung ist die Bereitschaft zur verweilenden Hingabe gehemmt. Daher wird das eigene Begehren nach Vereinigung als Trieb empfunden, der die Selbstbehauptung stört und vor sich selbst als entwürdigende Triebabhängigkeit vermerkt wird. Will sich aber aus den triebabhängigen Masseninstinkten selbstbewußt herausheben und als individuelle Persönlichkeit bestätigt werden. Braucht deshalb persönliche Aufmerksamkeiten, Anerkennung und Würdigung.

Kurz: Würdigungsanspruch.

−6 −0
Braun Grau
5,8 %

Stauung der Bedürfnisse — Affektive Engagiertheit
Nimmt auf die Schonung und Erholung des Körpers keine genügende Rücksicht.

Hält die Gegenwart nur für einen vorläufigen Übergangszustand und hat den Ehrgeiz, sich mit einem starken Einsatz und großem Eifer hervorzutun. Um das Ziel zu erreichen, ist er/sie bereit, auch das Bedürfnis nach leiblicher Behaglichkeit zurückzustellen. Möchte eine erfolgreiche Persönlichkeit sein und ein möglichst interessantes und einflußreiches Leben führen. Will sich als Persönlichkeit Geltung verschaffen und eine maßgebende Rolle spielen. Mischt sich mit der eigenen Ansicht zuweilen auch in Angelegenheiten ein, ohne die angemessene Zurückhaltung zu bewahren.

Stauung der Bedürfnisse – Unruhe, Sperrung der gemüthaften Hingabe

–6 –1
Braun Blau
0,5 %
*

Sieht sich nicht in der Lage, die Verhältnisse selbst so zu ändern, daß das Gefühl einer befriedigenden Gemeinschaft entsteht. Ist unzufrieden und begehrt eine behagliche Geborgenheit. Weil verständnisvolle Anerkennung, Vertrauen und Wertschätzung fehlen, ist das Gefühl der Zugehörigkeit verunmöglicht. Aus der Unzufriedenheit hat sich eine leicht reizbare Empfindlichkeit entwickelt. Die Beziehung wird unter diesen Umständen als deprimierende Abhängigkeit empfunden, so daß der Drang, sich zu entfernen und sich selbst zu behaupten, entstanden ist. Durch die Isoliertheit wird das Begehren nach befriedigender Vereinigung aber so stark, daß es als drängendes Triebbedürfnis empfunden wird und die Selbstsicherheit irritiert. Die als Weichheit empfundene Selbstunsicherheit wird verborgen und durch eine scheinbar selbstsichere Entschiedenheit und Äußerungsweise zu bemeistern versucht. Will dadurch das Gefühl der Überlegenheit gewinnen und sich in dieser unbehaglichen Durchgangssituation durch Unabhängigkeit behaupten.

Stauung der Bedürfnisse – Behinderte Selbstverwirklichung

–6 –2
Braun Grün
0,6 %
*

Das Bedürfnis, sich in einer Gemeinschaft zu vereinigen, die den beanspruchten Bedingungen genügt, ist nicht befriedigt. Hält aber am eigenen Anspruch fest und empfindet die widrigen Verhältnisse als zermürbenden Druck, als verständnislose Härte und als demütigende Zwangssituation. Möchte sich von dem unbehaglichen Kompromißzustand befreien, weicht aber der Entscheidung aus und bringt die erforderliche, konsequente Durchsetzungskraft nur schwer auf. Benötigt die Respektierung der eigenen Wünsche, die Anerkennung als individuelle Persönlichkeit und braucht liebebeweisende Aufmerksamkeit, um sich in einer Gemeinschaft geborgen zu fühlen.

(Benötigt daher als Kompensation das Farbenpaar am Anfang der Reihe.)

–6 –3
Braun Rot
0,6 %
*

Stauung der Bedürfnisse – Überreizung der Erlebnisverarbeitung
Leidet unter der als quälend, widrig empfundenen Situation und fühlt sich verkannt. Braucht persönliche Aufmerksamkeit und würdigende Anerkennung, weil die befriedigende Geborgenheit in einer als ebenbürtig empfundenen Gemeinschaft fehlt. Durch die Selbstbezogenheit – besonders in der sinnlichen Befriedigung – ist die Bereitschaft beschränkt, sich in der Gemeinschaft verweilend hinzugeben. Durch die Isoliertheit wird das Begehren nach befriedigender Vereinigung so stark, daß es als drängendes Triebbedürfnis empfunden wird und die Selbstsicherheit irritiert. Die als Weichheit empfundene Selbstunsicherheit wird verborgen und durch eine scheinbar selbstsichere Entschiedenheit und Äußerungsweise zu bemeistern versucht. Will dadurch das Gefühl der Überlegenheit gewinnen und sich in dieser unbehaglichen Durchgangssituation behaupten.

Möchte um seiner selbst willen geliebt werden. Braucht dringend persönliche Aufmerksamkeiten und Anerkennung, um als geschätzter Partner gewürdigt zu werden.

(Benötigt daher als Kompensation das Farbenpaar am Anfang der Reihe.)

–6 –4
Braun Gelb
1,3 %
*

Stauung der Bedürfnisse – fixierte Erwartungsspannung
Will sich in diesem unbehaglichen Durchgangszustand gegen das Gefühl der Einsamkeit und der besorgten Ungewißheit behaupten. Der Wunsch, sich in jener Gemeinschaft zu vereinigen und geborgene Sicherheit zu finden, welche die eigenen Ansprüche befriedigt, ist unter den bestehenden Umständen nicht erfüllt.

Durch die Isoliertheit wird das Begehren nach befriedigender Vereinigung so stark, daß es als drängendes Triebbedürfnis empfunden wird und dadurch die Selbstsicherheit irritiert. Die als Weichheit empfundene Selbstunsicherheit wird verborgen und durch eine scheinbar selbstsichere Entschiedenheit und Äußerungsweise zu bemeistern versucht. Außerdem wird die eigene Persönlichkeit durch etwas Besonderes zur Geltung gebracht. Dadurch wird die meist uneingestandene Angst vor Blamage mit einer scheinbaren Unabhängigkeit und Ungeniertheit überspielt, wobei jeder, der das exponierte Verhalten kritisiert, mit geringschätzender Gleichgültigkeit übergangen wird. In Wirklichkeit werden aber persönliche Aufmerksamkeiten und die Zusicherung der Wertschätzung und die ausdrückliche Anerkennung dringend benötigt.

(Benötigt daher als Kompensation das Farbenpaar am Anfang der Reihe.)

–6 –5
Braun Violett
1,5 %

Stauung der Bedürfnisse – Unerfüllte Ideal-Vorstellung
Ist durch die eigene sensible Erregbarkeit und aus dem Wunsch nach zärtlicher Vereinigung in den magischen Bann der erotischen Faszination gezogen.

Das Bedürfnis nach reizvoller, innig-zärtlicher Vereinigung in einer Gemeinschaft, die den gesteigerten Ansprüchen auf feinfühliges Verständnis und aufrichtiges Vertrauen genügt, ist aber nicht erfüllt. Kontrolliert die Gefühlsbeziehungen kritisch beobachtend, um zu wissen, woran man ist. Das wählerische, kritische Feingefühl befähigt zu ästhetisch kultiviertem Empfinden und zu einem eigenen künstlerischen Geschmacksurteil.

Erstrebt geistig interessante, die eigene Persönlichkeit fördernde Beziehungen.

–6 –7
Braun Schwarz
5,3 %

Kontrolle der Bedürfnisse – Ablehnung der Einengung
Will sich nach der eigenen Überzeugung frei entfalten können und als eigene Persönlichkeit respektiert werden. Bejaht das Leben; will die Fähigkeiten entwickeln und die Möglichkeiten, die sich bieten, ergreifen. Strebt nach der Entfaltung der Persönlichkeit und will durch Aktivität und eigene Leistung die inneren Hemmungen beseitigen. Verfolgt die Interessen und setzt sich gegen Behinderungen zur Wehr. Will sich entwickeln und läßt sich in den Absichten nicht beeinträchtigen. Setzt die Kräfte, die zur Verfügung stehen, so ein, daß er/sie damit viel erreicht und auf Ansprüche möglichst nicht verzichten muß.

—7
Schwarz
22,6 %

Ablehnung der Einengung und Behinderung, Intensivierung.
Will unbehindert und frei verfügen können und lehnt Beschränkung, Einengung und Verzichte ab, die nicht der eigenen Überzeugung entspringen.
Kurz: Verfügungsanspruch.

—7 —0
Schwarz Grau
10,5 %

Ablehnung der Behinderung — Affektive Engagiertheit
Will die lieblose Leere, die isolierende Distanz überwinden und hat das Gefühl, daß das Leben mehr zu bieten vermag, als es bei den gegenwärtigen Bedingungen und Verhältnissen der Fall ist. Glaubt, zu kurz zu kommen, wenn die Gelegenheit nicht genützt wird. Verfolgt das Ziel mit bohrender Intensität. Engagiert sich sogleich persönlich. Hält sich dabei für maßgebend zuständig, was oft als Einmischung empfunden werden kann.

Ablehnung der Behinderung — Unruhe, Sperrung der gemüthaften Hingabe

—7 —1

Schwarz Blau

1,7 %

*

Sieht sich nicht in der Lage, die Verhältnisse selbst so zu ändern, daß das Gefühl einer befriedigenden Zugehörigkeit entsteht. Vermag sich deshalb nicht gemütvoll und vertrauensvoll hinzugeben. Empfindet die unbefriedigende Beziehung als deprimierende Abhängigkeit. Will aber frei verfügen können und sich nicht eingeengt oder zu Beschränkungen und Verzichten genötigt fühlen. Reagiert daher mit leicht reizbarer Empfindlichkeit und mit Ungeduld. Der Wunsch, sich zu entfernen, erzeugt ein unstetes Getriebensein und stört auch die Konzentrationsfähigkeit.

(Benötigt daher als Kompensation das Farbenpaar am Anfang der Reihe.)

Ablehnung der Behinderung — Behinderte Selbstverwirklichung

—7 —2

Schwarz Grün

0,8 %

*

Will unabhängig und frei verfügen können. Weicht Behinderungen und einengenden Verpflichtungen aus. Hofft, sich dadurch von den widrigen Verhältnissen, dem unerträglichen Druck und der demütigenden Zwangssituation zu befreien, um die eigenen Ansprüche befriedigen zu können. Doch fehlt es an Ausdauer, um die nötigen Erfordernisse zu erfüllen.

(Benötigt daher als Kompensation das Farbenpaar am Anfang der Reihe.)

–7 –3
Schwarz Rot
0,7 %
*

Ablehnung der Behinderung – Überreizung der Erlebnisverarbeitung
Fühlt sich der unerträglichen, quälenden Situation ohnmächtig ausgeliefert. Ärgert sich über die Aussichtslosigkeit, zu einem Ziel zu kommen, und fühlt sich bis zur nervlichen Erschöpfung angegriffen. Will sich davon befreien, um unbehindert zu sein und nach der eigenen Überzeugung frei verfügen zu können.

(Benötigt daher als Kompensation das Farbenpaar am Anfang der Reihe.)

–7 –4
Schwarz Gelb
2,5 %
*

Ablehnung der Behinderung – Besorgnis und Erwartungsspannung
Die unerfüllten Hoffnungen und Erwartungen erzeugen eine besorgte Ungewißheit und gespannte Wachsamkeit.

Will frei verfügen können und ist nicht bereit, zu verzichten oder sich mit einengenden Beschränkungen abzufinden, sofern sie nicht der eigenen Überzeugung entspringen.

Beansprucht zuverlässige Sicherheit, um sich vor einer Enttäuschung und vor Verlust an Geltung, an Einfluß und vor blamierender Zurückweisung zu bewahren. Durch die Zweifel an der künftig günstigen Entwicklung wird an eine bestimmte Erwartung ein gesteigerter, bedingungsloser Anspruch gestellt.

(Benötigt daher als Kompensation das Farbenpaar am Anfang der Reihe.)

–7 –5
Schwarz Violett
3,0 %

Ablehnung der Einengung – Unerfüllte Ideal-Vorstellung

Ist durch die starke, sensible Erregbarkeit zu faszinierter Begeisterung fähig. Idealistischer, aber unerfüllter Wunsch nach einer feinfühlig verstehenden Übereinstimmung der Gefühle und Ansichten in einer engen Gemeinschaftsbeziehung.

Sehnt sich nach einer Gemeinschaftsbeziehung, die durch eine gefühlvolle und verständnisvolle Übereinstimmung ein interessantes Leben bietet. Da sich eine solche ideale Beziehung aber nicht verwirklicht hat, macht er/sie gegenüber dem Partner kritische Vorbehalte und bleibt unbefriedigt. Das erzeugt einen Erregungszustand, den er/sie zu unterdrücken versucht. Die Gefühle stauen sich dabei auf und erzeugen eine innere Spannung und ausgeprägte Sensibilität. Lehnt jede Behinderung ab und verwahrt sich gegen die Einmischung in die privaten Interessen. Will die Beziehung klarstellen und geordnete Verhältnisse schaffen. Ist wählerisch und beobachtet mit kritischer Feinfühligkeit, ob ein aufrichtiges Vertrauen entgegengebracht wird.

–7 –6
Schwarz Braun
3,5 %

Ablehnung der Einengung – Stauung der Triebbedürfnisse

Will sich die unbeeinflußbare Unabhängigkeit als individuelle Persönlichkeit bewahren. Will aus eigener Vernunft urteilen und aus eigener Überzeugung frei entscheiden; verabscheut jede nivellierende, unpersönliche Einordnung.

Ist bestrebt, sich eine maßgebende Meinung zu bilden und als Persönlichkeit anerkannt zu werden.

Steuert und kontrolliert die sinnlichen Bedürfnisse und ist bestrebt, die Fähigkeiten zu entwickeln, sich als Persönlichkeit zu entfalten und sich durch eigene Leistungen hervorzutun.

Tabelle V: + — Funktion

Kombination der sympathischen mit der unsympathischen Farbe.

Achtung:

1. Wenn an zweiter Stelle 0 oder 6 oder 7 steht, so wird diese besonders wichtige Farbe ebenfalls unter + nachgeschlagen.
2. Wenn an zweitletzter Stelle 1 oder 2 oder 3 oder 4 steht, so wird diese besonders wichtige Farbe ebenfalls unter — nachgeschlagen.
   Beispiel: +3+6 . . . —2 —7,
   siehe bei +6 —2.

Therapie-Tabelle mit pädagogisch-therapeutischen Empfehlungen

Die Therapie-Tabelle kann in allen Fällen zu Rate gezogen werden, weil sie auch den psychisch Gesunden darauf hinweist, wo für ihn zuerst Gefahren entstehen können.

Sie ist aber in all denjenigen Fällen wichtig, da Deutungen mit Sternchen (*) aufgetreten sind. Besonders, wenn mehrere Sternchen verzeichnet waren, so bestehen aktuelle oder länger dauernde, störende Verhältnisse. Deutungen mit mehreren Sternchen decken nach Lüschers Funktionspsychologie «fixierte Kompensationshaltungen» (Neurosen) auf. Dabei erzeugt das meist unbewußte Motiv (—) eine bestimmte Angst, und diese hat ein fixiertes, kompensatorisches Verhalten (+) zur Folge.

Die Therapie-Tabellen vermitteln die spezielle pädagogisch-therapeutische Empfehlung. Wer sie am nötigsten hat, bagatellisiert oder ignoriert meist die Empfehlung. Sie kann aber dem Therapeuten, der dann notwendig ist, als Hinweis und Zielsetzung für die Behandlung dienen.

+0 —1
Grau Blau

1. Empfehlung
Ist die Situation unbefriedigend, so muß sie bereinigt werden. Man muß den Mut haben, dort, wo es darauf ankommt, offen seine Überzeugung zu vertreten und konsequent zu handeln.

2. Empfehlung
Der Wunsch nach einer befriedigenden, liebevollen Verbundenheit erfüllt sich, wenn man bereit ist, mit Geduld, Verständnis und Wohlwollen auf den Partner einzugehen.

1. Empfehlung
Wer eine dominierende Rolle spielen möchte, aber erkennen muß, daß die Forderungen nicht erfüllt werden, ist genötigt, entweder den notwendigen Verzicht anzunehmen und sich aus Verständnis anzupassen, oder aber vor der Entscheidung nicht zurückzuschrecken und konsequent zu handeln.

+0 –2
Grau Grün

2. Empfehlung
Ist die Situation unbefriedigend, so muß sie bereinigt werden. Man muß den Mut haben, dort, wo es darauf ankommt, offen seine Überzeugung zu vertreten und konsequent zu handeln.

1. Empfehlung
Ist die Situation unbefriedigend, so muß sie bereinigt werden. Man muß den Mut haben, dort, wo es darauf ankommt, offen seine Überzeugung zu vertreten und konsequent zu handeln.

+0 –3
Grau Rot

2. Empfehlung
Wenn die mißlichen Umstände nicht kurzfristig in Ordnung gebracht werden können, so muß die innere Ruhe durch eine Festigung des Selbstgefühls erreicht werden. Mißerfolge oder widrige Verhältnisse dürfen nicht so wichtig genommen werden, daß sie das unabhängige Selbstbewußtsein aus der Fassung bringen können.

+0 –4
Grau Gelb

1. Empfehlung
Ist die Situation unbefriedigend, so muß sie bereinigt werden. Man muß den Mut haben, dort, wo es darauf ankommt, offen seine Überzeugung zu vertreten und konsequent zu handeln.

2. Empfehlung
Es ist wichtig, fest und selbständig zu sein, statt sich von äußeren Umständen, von Erwartungen und vom Wunsch nach Bestätigung abhängig zu machen.

+0 –5
Grau Violett

1. Empfehlung
Ist die Situation unbefriedigend, so muß sie bereinigt werden. Man muß den Mut haben, dort, wo es darauf ankommt, offen seine Überzeugung zu vertreten und konsequent zu handeln.

2. Empfehlung
Der Wunsch nach einer völligen Übereinstimmung führt zu Konflikten wegen unerfüllter Liebesansprüche. An Stelle des Anspruches, geliebt zu werden, muß die reife, verständnisvolle Liebeszuwendung treten.

Daher ist es wichtig, die Eigenart des andern anzuerkennen, ihn zu verstehen und gewähren zu lassen.

1. Empfehlung
Ist die Situation unbefriedigend, so muß sie bereinigt werden. Man muß den Mut haben, dort, wo es darauf ankommt, offen seine Überzeugung zu vertreten und konsequent zu handeln.

+0 −6
Grau Braun

2. Empfehlung
Für die psychische und körperliche Entspannung ist es wichtig, die Befriedigung in der gemütlichen und sinnlichen Behaglichkeit zu suchen, statt nach Anerkennung zu streben.

1. Empfehlung
Ist die Situation unbefriedigend, so muß sie bereinigt werden. Man muß den Mut haben, dort, wo es darauf ankommt, offen seine Überzeugung zu vertreten und konsequent zu handeln.

+0 −7
Grau Schwarz

2. Empfehlung
Um nicht nur äußerlich unabhängig, sondern auch innerlich frei zu sein, muß man verzichten können und bereit sein, sich in das unabänderlich Notwendige zu fügen.

+1 –0
Blau Grau

1. Empfehlung
Wenn das Gefühl der inneren Einsamkeit aufkommt, weil die Beziehung keine gemüthafte Erfüllung und keine Befriedigung in liebevoller Verbundenheit bietet, so darf man keine Empfindlichkeit und kein Selbstbedauern aufkommen lassen. Man muß die Situation aus eigener Initiative selbst gestalten, damit sie einen befriedigt.

2. Empfehlung
Der Erlebniswunsch und die geheime Angst vor Einsamkeit soll nicht dazu verleiten, daß man Erwartungen an ungeeignete Partner oder Ziele stellt. Die gesuchte, intensive Beziehung ergibt sich durch Offenheit und eine vorbehaltlose, gemüthafte Hingabe.

+1 –2
Blau Grün

1. Empfehlung
Wer eine dominierende Rolle spielen möchte, aber erkennen muß, daß die Forderungen nicht erfüllt werden, ist genötigt, entweder den notwendigen Verzicht anzunehmen und sich aus Verständnis anzupassen, oder aber vor der Entscheidung nicht zurückzuschrecken und konsequent zu handeln.

2. Empfehlung
Wenn das Gefühl der inneren Einsamkeit aufkommt, weil die Beziehung keine gemüthafte Erfüllung und keine Befriedigung in liebevoller Verbundenheit bietet, so darf man keine Empfindlichkeit und kein Selbstbedauern aufkommen lassen. Man muß die Situation aus eigener Initiative selbst gestalten, damit sie einen befriedigt.

+1 –3
Blau Rot

1. Empfehlung
Wenn die mißlichen Umstände nicht kurzfristig in Ordnung gebracht werden können, so muß die innere Ruhe durch eine Festigung des Selbstgefühls erreicht werden. Mißerfolge oder widrige Verhältnisse dürfen nicht so wichtig genommen werden, daß sie das unabhängige Selbstbewußtsein aus der Fassung bringen können.

2. Empfehlung
Wenn das Gefühl der inneren Einsamkeit aufkommt, weil die Beziehung keine gemüthafte Erfüllung und keine Befriedigung in liebevoller Verbundenheit bietet, so darf man keine Empfindlichkeit und kein Selbstbedauern aufkommen lassen. Man muß die Situation aus eigener Initiative selbst gestalten, damit sie einen befriedigt.

+1 –4
Blau Gelb

1. Empfehlung
Es ist wichtig, fest und selbständig zu sein, statt sich von äußeren Umständen, von Erwartungen und vom Wunsch nach Bestätigung abhängig zu machen.

2. Empfehlung
Wenn das Gefühl der inneren Einsamkeit aufkommt, weil die Beziehung keine gemüthafte Erfüllung und keine Befriedigung in liebevoller Verbundenheit bietet, so darf man keine Empfindlichkeit und kein Selbstbedauern aufkommen lassen. Man muß die Situation aus eigener Initiative selbst gestalten, damit sie einen befriedigt.

+1 –5
Blau Violett

1. Empfehlung
Der Wunsch nach einer völligen Übereinstimmung führt zu Konflikten wegen unerfüllter Liebesansprüche. An Stelle des Anspruches, geliebt zu werden, muß die reife, verständnisvolle Liebeszuwendung treten.

Daher ist es wichtig, die Eigenart des andern anzuerkennen, ihn zu verstehen und gewähren zu lassen.

2. Empfehlung
Wenn das Gefühl der inneren Einsamkeit aufkommt, weil die Beziehung keine gemüthafte Erfüllung und keine Befriedigung in liebevoller Verbundenheit bietet, so darf man keine Empfindlichkeit und kein Selbstbedauern aufkommen lassen. Man muß die Situation aus eigener Initiative selbst gestalten, damit sie einen befriedigt.

+1 –6
Blau Braun

1. Empfehlung
Für die psychische und körperliche Entspannung ist es wichtig, die Befriedigung in der gemütlichen und sinnlichen Behaglichkeit zu suchen, statt nach Anerkennung zu streben.

2. Empfehlung
Wenn das Gefühl der inneren Einsamkeit aufkommt, weil die Beziehung keine gemüthafte Erfüllung und keine Befriedigung in liebevoller Verbundenheit bietet, so darf man keine Empfindlichkeit und kein Selbstbedauern aufkommen lassen. Man muß die Situation aus eigener Initiative selbst gestalten, damit sie einen befriedigt.

+1 –7

Blau Schwarz

1. Empfehlung
Um nicht nur äußerlich unabhängig, sondern auch innerlich frei zu sein, muß man verzichten können und bereit sein, sich in das unabänderlich Notwendige zu fügen.

2. Empfehlung
Wenn das Gefühl der inneren Einsamkeit aufkommt, weil die Beziehung keine gemüthafte Erfüllung und keine Befriedigung in liebevoller Verbundenheit bietet, so darf man keine Empfindlichkeit und kein Selbstbedauern aufkommen lassen. Man muß die Situation aus eigener Initiative selbst gestalten, damit sie einen befriedigt.

+2 –0
Grün Grau

1. Empfehlung
Der Erlebniswunsch und die geheime Angst vor Einsamkeit soll nicht dazu verleiten, daß man Erwartungen an ungeeignete Partner oder Ziele stellt. Die gesuchte, intensive Beziehung ergibt sich durch Offenheit und eine vorbehaltlose, gemüthafte Hingabe.

2. Empfehlung
Die geheime Befürchtung, in kritischen Situationen zu unterliegen oder einem wichtigen Menschen nicht zu genügen, darf nicht damit überspielt werden, daß man mit irgendwelchen Mitteln zu imponieren versucht. Damit spielt man sich nur eine künstliche Überlegenheit vor. Echte Selbstsicherheit erlangt man durch eine verantwortungsbewußte Einordnung oder verständnisvolle Anpassung.

+2 –1
Grün Blau

1. Empfehlung
Der Wunsch nach einer befriedigenden, liebevollen Verbundenheit erfüllt sich, wenn man bereit ist, mit Geduld, Verständnis und Wohlwollen auf den Partner einzugehen.

2. Empfehlung
Die geheime Befürchtung, in kritischen Situationen zu unterliegen oder einem wichtigen Menschen nicht zu genügen, darf nicht damit überspielt werden, daß man mit irgendwelchen Mitteln zu imponieren versucht. Damit spielt man sich nur eine künstliche Überlegenheit vor. Echte Selbstsicherheit erlangt man durch eine verantwortungsbewußte Einordnung oder verständnisvolle Anpassung.

+2 −3
Grün Rot

1. Empfehlung
Wenn die mißlichen Umstände nicht kurzfristig in Ordnung gebracht werden können, so muß die innere Ruhe durch eine Festigung des Selbstgefühls erreicht werden. Mißerfolge oder widrige Verhältnisse dürfen nicht so wichtig genommen werden, daß sie das unabhängige Selbstbewußtsein aus der Fassung bringen können.

2. Empfehlung
Die geheime Befürchtung, in kritischen Situationen zu unterliegen oder einem wichtigen Menschen nicht zu genügen, darf nicht damit überspielt werden, daß man mit irgendwelchen Mitteln zu imponieren versucht. Damit spielt man sich nur eine künstliche Überlegenheit vor. Echte Selbstsicherheit erlangt man durch eine verantwortungsbewußte Einordnung oder verständnisvolle Anpassung.

+2 −4
Grün Gelb

1. Empfehlung
Es ist wichtig, fest und selbständig zu sein, statt sich von äußeren Umständen, von Erwartungen und vom Wunsch nach Bestätigung abhängig zu machen.

2. Empfehlung
Die geheime Befürchtung, in kritischen Situationen zu unterliegen oder einem wichtigen Menschen nicht zu genügen, darf nicht damit überspielt werden, daß man mit irgendwelchen Mitteln zu imponieren versucht. Damit spielt man sich nur eine künstliche Überlegenheit vor. Echte Selbstsicherheit erlangt man durch eine verantwortungsbewußte Einordnung oder verständnisvolle Anpassung.

+2 −5
Grün Violett

1. Empfehlung
Der Wunsch nach einer völligen Übereinstimmung führt zu Konflikten wegen unerfüllter Liebesansprüche. An Stelle des Anspruches, geliebt zu werden, muß die reife, verständnisvolle Liebeszuwendung treten.

Daher ist es wichtig, die Eigenart des andern anzuerkennen, ihn zu verstehen und gewähren zu lassen.

2. Empfehlung
Die geheime Befürchtung, in kritischen Situationen zu unterliegen oder einem wichtigen Menschen nicht zu genügen, darf nicht damit überspielt werden, daß man mit irgendwelchen Mitteln zu imponieren versucht. Damit spielt man sich nur eine künstliche Überlegenheit vor. Echte Selbstsicherheit erlangt man durch eine verantwortungsbewußte Einordnung oder verständnisvolle Anpassung.

+2 −6
Grün Braun

1. Empfehlung
Die geheime Befürchtung, in kritischen Situationen zu unterliegen oder einem wichtigen Menschen nicht zu genügen, darf nicht damit überspielt werden, daß man mit irgendwelchen Mitteln zu imponieren versucht. Damit spielt man sich nur eine künstliche Überlegenheit vor. Echte Selbstsicherheit erlangt man durch eine verantwortungsbewußte Einordnung oder verständnisvolle Anpassung.

2. Empfehlung
Für die psychische und körperliche Entspannung ist es wichtig, die Befriedigung in der gemütlichen und sinnlichen Behaglichkeit zu suchen, statt nach Anerkennung zu streben.

+2 –7
Grün Schwarz

1. Empfehlung
Die geheime Befürchtung, in kritischen Situationen zu unterliegen oder einem wichtigen Menschen nicht zu genügen, darf nicht damit überspielt werden, daß man mit irgendwelchen Mitteln zu imponieren versucht. Damit spielt man sich nur eine künstliche Überlegenheit vor. Echte Selbstsicherheit erlangt man durch eine verantwortungsbewußte Einordnung oder verständnisvolle Anpassung.

2. Empfehlung
Um nicht nur äußerlich unabhängig, sondern auch innerlich frei zu sein, muß man verzichten können und bereit sein, sich in das unabänderlich Notwendige zu fügen.

+3 –0
Rot Grau

1. Empfehlung
Der Erlebniswunsch und die geheime Angst vor Einsamkeit soll nicht dazu verleiten, daß man Erwartungen an ungeeignete Partner oder Ziele stellt. Die gesuchte, intensive Beziehung ergibt sich durch Offenheit und eine vorbehaltlose, gemüthafte Hingabe.

2. Empfehlung
Immer wenn man befürchtet, etwas zu verpassen und zu kurz zu kommen, muß man zuerst in aller Ruhe prüfen, wer und was einem begegnet, statt sich auf Risiken und sinnlose Abenteuer einzulassen.

+3 –1
Rot Blau

1. Empfehlung
Immer wenn man befürchtet, etwas zu verpassen und zu kurz zu kommen, muß man zuerst in aller Ruhe prüfen, wer und was einem begegnet, statt sich auf Risiken und sinnlose Abenteuer einzulassen.

2. Empfehlung
Der Wunsch nach einer befriedigenden, liebevollen Verbundenheit erfüllt sich, wenn man bereit ist, mit Geduld, Verständnis und Wohlwollen auf den Partner einzugehen.

+3 –2
Rot Grün

1. Empfehlung
Wer eine dominierende Rolle spielen möchte, aber erkennen muß, daß die Forderungen nicht erfüllt werden, ist genötigt, entweder den notwendigen Verzicht anzunehmen und sich aus Verständnis anzupassen, oder aber vor der Entscheidung nicht zurückzuschrecken und konsequent zu handeln.

2. Empfehlung
Immer wenn man befürchtet, etwas zu verpassen und zu kurz zu kommen, muß man zuerst in aller Ruhe prüfen, wer und was einem begegnet, statt sich auf Risiken und sinnlose Abenteuer einzulassen.

+3 –4
Rot Gelb

1. Empfehlung
Es ist wichtig, fest und selbständig zu sein, statt sich von äußeren Umständen, von Erwartungen und vom Wunsch nach Bestätigung abhängig zu machen.

2. Empfehlung
Immer wenn man befürchtet, etwas zu verpassen und zu kurz zu kommen, muß man zuerst in aller Ruhe prüfen, wer und was einem begegnet, statt sich auf Risiken und sinnlose Abenteuer einzulassen.

+3 −5
Rot Violett

1. Empfehlung
Der Wunsch nach einer völligen Übereinstimmung führt zu Konflikten wegen unerfüllter Liebesansprüche. An Stelle des Anspruches, geliebt zu werden, muß die reife, verständnisvolle Liebeszuwendung treten.

Daher ist es wichtig, die Eigenart des andern anzuerkennen, ihn zu verstehen und gewähren zu lassen.

2. Empfehlung
Immer wenn man befürchtet, etwas zu verpassen und zu kurz zu kommen, muß man zuerst in aller Ruhe prüfen, wer und was einem begegnet, statt sich auf Risiken und sinnlose Abenteuer einzulassen.

+3 −6
Rot Braun

1. Empfehlung
Immer wenn man befürchtet, etwas zu verpassen und zu kurz zu kommen, muß man zuerst in aller Ruhe prüfen, wer und was einem begegnet, statt sich auf Risiken und sinnlose Abenteuer einzulassen.

2. Empfehlung
Für die psychische und körperliche Entspannung ist es wichtig, die Befriedigung in der gemütlichen und sinnlichen Behaglichkeit zu suchen, statt nach Anerkennung zu streben.

1. Empfehlung
Um nicht nur äußerlich unabhängig, sondern auch innerlich frei zu sein, muß man verzichten können und bereit sein, sich in das unabänderlich Notwendige zu fügen.

+3 –7
Rot Schwarz

2. Empfehlung
Immer wenn man befürchtet, etwas zu verpassen und zu kurz zu kommen, muß man zuerst in aller Ruhe prüfen, wer und was einem begegnet, statt sich auf Risiken und sinnlose Abenteuer einzulassen.

+4 —0
Gelb Grau

1. Empfehlung
Wenn man seine Situation als bedrückend oder unbefriedigende Einengung empfindet, so darf man sich nicht dazu verleiten lassen, illusionären Erwartungen nachzujagen. Das erstrebte Glück erreicht, wer fähig ist, aus seelischer Unabhängigkeit zu fordern und auch zu verzichten.

2. Empfehlung
Der Erlebniswunsch und die geheime Angst vor Einsamkeit soll nicht dazu verleiten, daß man Erwartungen an ungeeignete Partner oder Ziele stellt. Die gesuchte, intensive Beziehung ergibt sich durch Offenheit und eine vorbehaltlose, gemüthafte Hingabe.

+4 —1
Gelb Blau

1. Empfehlung
Wenn man seine Situation als bedrückend oder unbefriedigende Einengung empfindet, so darf man sich nicht dazu verleiten lassen, illusionären Erwartungen nachzujagen. Das erstrebte Glück erreicht, wer fähig ist, aus seelischer Unabhängigkeit zu fordern und auch zu verzichten.

2. Empfehlung
Der Wunsch nach einer befriedigenden, liebevollen Verbundenheit erfüllt sich, wenn man bereit ist, mit Geduld, Verständnis und Wohlwollen auf den Partner einzugehen.

1. Empfehlung
Wenn man seine Situation als bedrückend oder unbefriedigende Einengung empfindet, so darf man sich nicht dazu verleiten lassen, illusionären Erwartungen nachzujagen. Das erstrebte Glück erreicht, wer fähig ist, aus seelischer Unabhängigkeit zu fordern und auch zu verzichten.

+4 −2
Gelb Grün

2. Empfehlung
Wer eine dominierende Rolle spielen möchte, aber erkennen muß, daß die Forderungen nicht erfüllt werden, ist genötigt, entweder den notwendigen Verzicht anzunehmen und sich aus Verständnis anzupassen, oder aber vor der Entscheidung nicht zurückzuschrecken und konsequent zu handeln.

1. Empfehlung
Wenn man seine Situation als bedrückend oder unbefriedigende Einengung empfindet, so darf man sich nicht dazu verleiten lassen, illusionären Erwartungen nachzujagen. Das erstrebte Glück erreicht, wer fähig ist, aus seelischer Unabhängigkeit zu fordern und auch zu verzichten.

+4 −3
Gelb Rot

2. Empfehlung
Wenn die mißlichen Umstände nicht kurzfristig in Ordnung gebracht werden können, so muß die innere Ruhe durch eine Festigung des Selbstgefühls erreicht werden. Mißerfolge oder widrige Verhältnisse dürfen nicht so wichtig genommen werden, daß sie das unabhängige Selbstbewußtsein aus der Fassung bringen können.

+4 −5
Gelb Violett

1. Empfehlung
Wenn man seine Situation als bedrückend oder unbefriedigende Einengung empfindet, so darf man sich nicht dazu verleiten lassen, illusionären Erwartungen nachzujagen. Das erstrebte Glück erreicht, wer fähig ist, aus seelischer Unabhängigkeit zu fordern und auch zu verzichten.

2. Empfehlung
Der Wunsch nach einer völligen Übereinstimmung führt zu Konflikten wegen unerfüllter Liebesansprüche. An Stelle des Anspruches, geliebt zu werden, muß die reife, verständnisvolle Liebeszuwendung treten.

Daher ist es wichtig, die Eigenart des andern anzuerkennen, ihn zu verstehen und gewähren zu lassen.

+4 −6
Gelb Braun

1. Empfehlung
Wenn man seine Situation als bedrückend oder unbefriedigende Einengung empfindet, so darf man sich nicht dazu verleiten lassen, illusionären Erwartungen nachzujagen. Das erstrebte Glück erreicht, wer fähig ist, aus seelischer Unabhängigkeit zu fordern und auch zu verzichten.

2. Empfehlung
Für die psychische und körperliche Entspannung ist es wichtig, die Befriedigung in der gemütlichen und sinnlichen Behaglichkeit zu suchen, statt nach Anerkennung zu streben.

1. Empfehlung
Wenn man seine Situation als bedrückend oder unbefriedigende Einengung empfindet, so darf man sich nicht dazu verleiten lassen, illusionären Erwartungen nachzujagen. Das erstrebte Glück erreicht, wer fähig ist, aus seelischer Unabhängigkeit zu fordern und auch zu verzichten.

+4 –7
Gelb Schwarz

2. Empfehlung
Um nicht nur äußerlich unabhängig, sondern auch innerlich frei zu sein, muß man verzichten können und bereit sein, sich in das unabänderlich Notwendige zu fügen.

+5 –0
Violett Grau

1. Empfehlung
Die geheime Befürchtung, daß man sich ohne reizvolle Erlebnisse einsam fühlen werde, darf nicht dazu verführen, neue Beziehungen unkritisch zu idealisieren und sich einem Wunschdenken hinzugeben.

2. Empfehlung
Der Erlebniswunsch und die geheime Angst vor Einsamkeit soll nicht dazu verleiten, daß man Erwartungen an ungeeignete Partner oder Ziele stellt. Die gesuchte, intensive Beziehung ergibt sich durch Offenheit und eine vorbehaltlose, gemüthafte Hingabe.

+5 –1
Violett Blau

1. Empfehlung
Die geheime Befürchtung, daß man sich ohne reizvolle Erlebnisse einsam fühlen werde, darf nicht dazu verführen, neue Beziehungen unkritisch zu idealisieren und sich einem Wunschdenken hinzugeben.

2. Empfehlung
Der Wunsch nach einer befriedigenden, liebevollen Verbundenheit erfüllt sich, wenn man bereit ist, mit Geduld, Verständnis und Wohlwollen auf den Partner einzugehen.

1. Empfehlung

+5 −2
Violett Grün

Wer eine dominierende Rolle spielen möchte, aber erkennen muß, daß die Forderungen nicht erfüllt werden, ist genötigt, entweder den notwendigen Verzicht anzunehmen und sich aus Verständnis anzupassen, oder aber vor der Entscheidung nicht zurückzuschrecken und konsequent zu handeln.

2. Empfehlung

Die geheime Befürchtung, daß man sich ohne reizvolle Erlebnisse einsam fühlen werde, darf nicht dazu verführen, neue Beziehungen unkritisch zu idealisieren und sich einem Wunschdenken hinzugeben.

1. Empfehlung

+5 −3
Violett Rot

Wenn die mißlichen Umstände nicht kurzfristig in Ordnung gebracht werden können, so muß die innere Ruhe durch eine Festigung des Selbstgefühls erreicht werden. Mißerfolge oder widrige Verhältnisse dürfen nicht so wichtig genommen werden, daß sie das unabhängige Selbstbewußtsein aus der Fassung bringen können.

2. Empfehlung

Die geheime Befürchtung, daß man sich ohne reizvolle Erlebnisse einsam fühlen werde, darf nicht dazu verführen, neue Beziehungen unkritisch zu idealisieren und sich einem Wunschdenken hinzugeben.

+5 –4
Violett Gelb

1. Empfehlung
Die geheime Befürchtung, daß man sich ohne reizvolle Erlebnisse einsam fühlen werde, darf nicht dazu verführen, neue Beziehungen unkritisch zu idealisieren und sich einem Wunschdenken hinzugeben.

2. Empfehlung
Es ist wichtig, fest und selbständig zu sein, statt sich von äußern Umständen, von Erwartungen und vom Wunsch nach Bestätigung abhängig zu machen.

+5 –6
Violett Braun

1. Empfehlung
Für die psychische und körperliche Entspannung ist es wichtig, die Befriedigung in der gemütlichen und sinnlichen Behaglichkeit zu suchen, statt nach Anerkennung zu streben.

2. Empfehlung
Die geheime Befürchtung, daß man sich ohne reizvolle Erlebnisse einsam fühlen werde, darf nicht dazu verführen, neue Beziehungen unkritisch zu idealisieren und sich einem Wunschdenken hinzugeben.

+5 −7

Violett Schwarz

1. Empfehlung

Die geheime Befürchtung, daß man sich ohne reizvolle Erlebnisse einsam fühlen werde, darf nicht dazu verführen, neue Beziehungen unkritisch zu idealisieren und sich einem Wunschdenken hinzugeben.

2. Empfehlung

Um nicht nur äußerlich unabhängig, sondern auch innerlich frei zu sein, muß man verzichten können und bereit sein, sich in das unabänderlich Notwendige zu fügen.

+6 –0
Braun Grau

1. Empfehlung
Statt sich gehenzulassen und einfach die Bedürfnisse zu befriedigen, müssen die Probleme geklärt werden. Die notwendigen Entscheidungen müssen getroffen und verwirklicht werden.

2. Empfehlung
Der Erlebniswunsch und die geheime Angst vor Einsamkeit soll nicht dazu verleiten, daß man Erwartungen an ungeeignete Partner oder Ziele stellt. Die gesuchte, intensive Beziehung ergibt sich durch Offenheit und eine vorbehaltlose, gemüthafte Hingabe.

+6 –1
Braun Blau

1. Empfehlung
Statt sich gehenzulassen und einfach die Bedürfnisse zu befriedigen, müssen die Probleme geklärt werden. Die notwendigen Entscheidungen müssen getroffen und verwirklicht werden.

2. Empfehlung
Der Wunsch nach einer befriedigenden, liebevollen Verbundenheit erfüllt sich, wenn man bereit ist, mit Geduld, Verständnis und Wohlwollen auf den Partner einzugehen.

+6 –2
Braun Grün

1. Empfehlung
Wer eine dominierende Rolle spielen möchte, aber erkennen muß, daß die Forderungen nicht erfüllt werden, ist genötigt, entweder den notwendigen Verzicht anzunehmen und sich aus Verständnis anzupassen, oder aber vor der Entscheidung nicht zurückzuschrecken und konsequent zu handeln.

2. Empfehlung
Statt sich gehenzulassen und einfach die Bedürfnisse zu befriedigen, müssen die Probleme geklärt werden. Die notwendigen Entscheidungen müssen getroffen und verwirklicht werden.

+6 –3
Braun Rot

1. Empfehlung
Statt sich gehenzulassen und einfach die Bedürfnisse zu befriedigen, müssen die Probleme geklärt werden. Die notwendigen Entscheidungen müssen getroffen und verwirklicht werden.

2. Empfehlung
Wenn die mißlichen Umstände nicht kurzfristig in Ordnung gebracht werden können, so muß die innere Ruhe durch eine Festigung des Selbstgefühls erreicht werden. Mißerfolge oder widrige Verhältnisse dürfen nicht so wichtig genommen werden, daß sie das unabhängige Selbstbewußtsein aus der Fassung bringen können.

+6 −4
Braun Gelb

1. Empfehlung
Statt sich gehenzulassen und einfach die Bedürfnisse zu befriedigen, müssen die Probleme geklärt werden. Die notwendigen Entscheidungen müssen getroffen und verwirklicht werden.

2. Empfehlung
Es ist wichtig, fest und selbständig zu sein, statt sich von äußern Umständen, von Erwartungen und vom Wunsch nach Bestätigung abhängig zu machen.

+6 −5
Braun Violett

1. Empfehlung
Statt sich gehenzulassen und einfach die Bedürfnisse zu befriedigen, müssen die Probleme geklärt werden. Die notwendigen Entscheidungen müssen getroffen und verwirklicht werden.

2. Empfehlung
Der Wunsch nach einer völligen Übereinstimmung führt zu Konflikten wegen unerfüllter Liebesansprüche. An Stelle des Anspruches, geliebt zu werden, muß die reife, verständnisvolle Liebeszuwendung treten.

Daher ist es wichtig, die Eigenart des andern anzuerkennen, ihn zu verstehen und gewähren zu lassen.

1. Empfehlung
Statt sich gehenzulassen und einfach die Bedürfnisse zu befriedigen, müssen die Probleme geklärt werden. Die notwendigen Entscheidungen müssen getroffen und verwirklicht werden.

+6 –7
Braun Schwarz

2. Empfehlung
Um nicht nur äußerlich unabhängig, sondern auch innerlich frei zu sein, muß man verzichten können und bereit sein, sich in das unabänderlich Notwendige zu fügen.

+7 —0
Schwarz Grau

1. Empfehlung
Wer Forderungen stellt, kann sie nur durchsetzen, wenn er auch das nötige Verständnis für die andern und die erforderliche Selbstdisziplin aufbringt.

2. Empfehlung
Der Erlebniswunsch und die geheime Angst vor Einsamkeit soll nicht dazu verleiten, daß man Erwartungen an ungeeignete Partner oder Ziele stellt. Die gesuchte, intensive Beziehung ergibt sich durch Offenheit und eine vorbehaltlose, gemüthafte Hingabe.

+7 —1
Schwarz Blau

1. Empfehlung
Wer Forderungen stellt, kann sie nur durchsetzen, wenn er auch das nötige Verständnis für die andern und die erforderliche Selbstdisziplin aufbringt.

2. Empfehlung
Der Wunsch nach einer befriedigenden, liebevollen Verbundenheit erfüllt sich, wenn man bereit ist, mit Geduld, Verständnis und Wohlwollen auf den Partner einzugehen.

+7 −2
Schwarz Grün

1. Empfehlung
Wer eine dominierende Rolle spielen möchte, aber erkennen muß, daß die Forderungen nicht erfüllt werden, ist genötigt, entweder den notwendigen Verzicht anzunehmen und sich aus Verständnis anzupassen, oder aber vor der Entscheidung nicht zurückzuschrecken und konsequent zu handeln.

2. Empfehlung
Wer Forderungen stellt, kann sie nur durchsetzen, wenn er auch das nötige Verständnis für die andern und die erforderliche Selbstdisziplin aufbringt.

+7 −3
Schwarz Rot

1. Empfehlung
Wenn die mißlichen Umstände nicht kurzfristig in Ordnung gebracht werden können, so muß die innere Ruhe durch eine Festigung des Selbstgefühls erreicht werden. Mißerfolge oder widrige Verhältnisse dürfen nicht so wichtig genommen werden, daß sie das unabhängige Selbstbewußtsein aus der Fassung bringen können.

2. Empfehlung
Wer Forderungen stellt, kann sie nur durchsetzen, wenn er auch das nötige Verständnis für die andern und die erforderliche Selbstdisziplin aufbringt.

+7 –4
Schwarz Gelb

1. Empfehlung
Es ist wichtig, fest und selbständig zu sein, statt sich von äußern Umständen, von Erwartungen und vom Wunsch nach Bestätigung abhängig zu machen.

2. Empfehlung
Wer Forderungen stellt, kann sie nur durchsetzen, wenn er auch das nötige Verständnis für die andern und die erforderliche Selbstdisziplin aufbringt.

+7 –5
Schwarz Violett

1. Empfehlung
Der Wunsch nach einer völligen Übereinstimmung führt zu Konflikten wegen unerfüllter Liebesansprüche. An Stelle des Anspruches, geliebt zu werden, muß die reife, verständnisvolle Liebeszuwendung treten.

Daher ist es wichtig, die Eigenart des andern anzuerkennen, ihn zu verstehen und gewähren zu lassen.

2. Empfehlung
Wer Forderungen stellt, kann sie nur durchsetzen, wenn er auch das nötige Verständnis für die andern und die erforderliche Selbstdisziplin aufbringt.

+7 –6

Schwarz Braun

1. Empfehlung

Für die psychische und körperliche Entspannung ist es wichtig, die Befriedigung in der gemütlichen und sinnlichen Behaglichkeit zu suchen, statt nach Anerkennung zu streben.

2. Empfehlung

Wer Forderungen stellt, kann sie nur durchsetzen, wenn er auch das nötige Verständnis für die andern und die erforderliche Selbstdisziplin aufbringt.

Prozentuale Verteilung der Acht-Farbenreihe.
5300 Versuchspersonen (Männer und Frauen) im Alter von 16 bis 70 Jahren. Repräsentative Auslese aus ganz Deutschland.

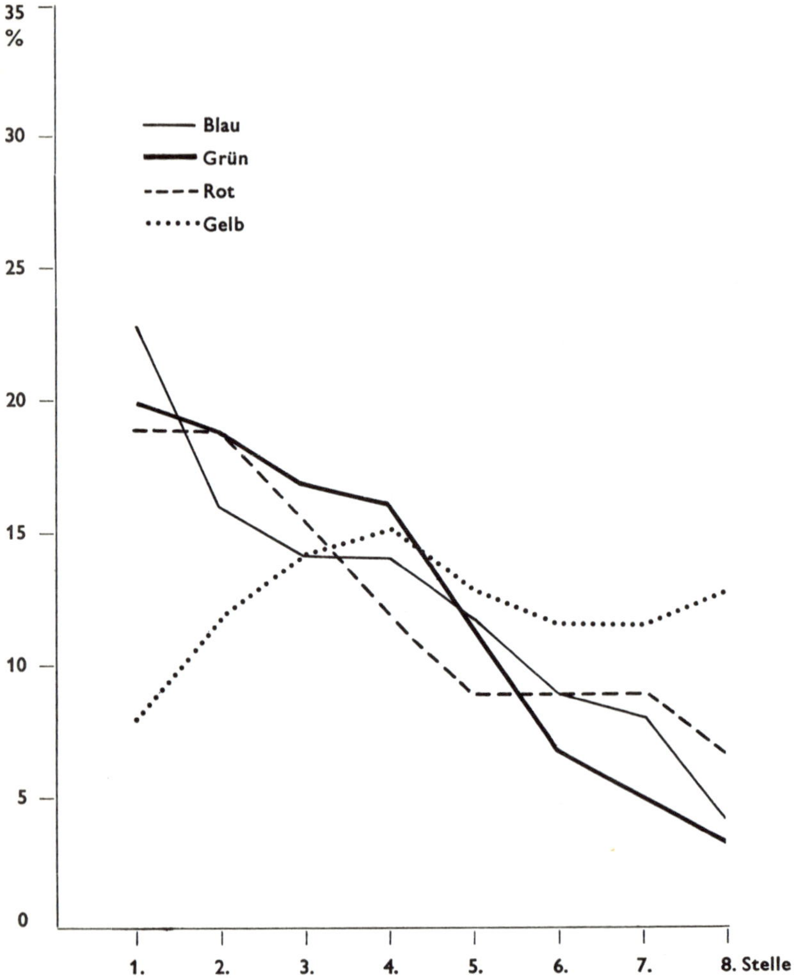

Prozentuale Verteilung der Acht-Farbenreihe.
5300 Versuchspersonen (Männer und Frauen) im Alter von 16 bis 70 Jahren. Repräsentative Auslese aus ganz Deutschland.

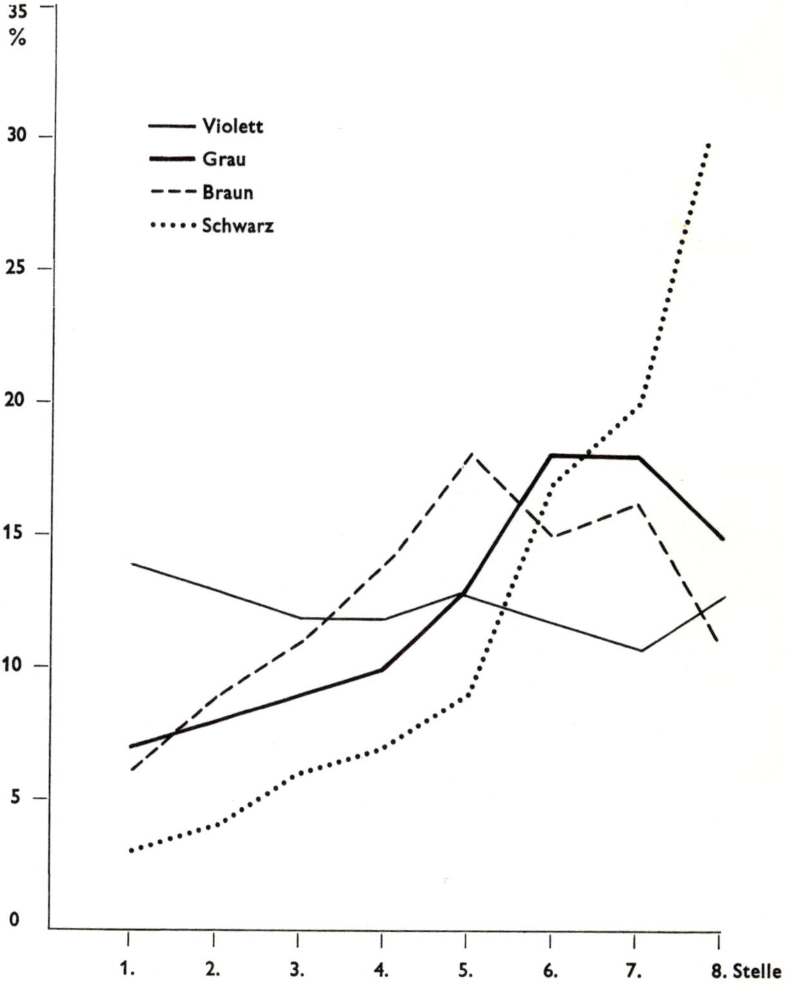

Bibliographie

Aström, J., und Tobiason, E.: A Clinical Trial of the Lüscher Colour Test. In: Medico (Boehringer, Mannheim) 2/1965

Bartek, H.: Zur Psyche des fettsüchtigen Kindes. Dissertation. Leipzig 1964

Bokslag, J. G. H.: Alter und Geschlecht im Lüscher-Test und der Einfluß des Versuchsleiters. In: Ausdruckskunde 2/1955

– Die anamnestisch verzeichnete Religion im Lüscher-Test. In: Psychologia Religionis 2/1956

Busch, L.: Der chronische Alkoholismus im Lüscher-Farbtest. In: Medizinische Klinik 59/1964

– Die physiologischen Komponenten bei farbpsychologischen Untersuchungen. In: Die medizinische Welt 1965, S. 2582

Canivet, N.: Le test de Lüscher. In: Bulletin de Psychologie 1965, Band XVII 2–7, Nr. 225

Canziani, W.: Zur Entwicklung der Ehekonflikte. Eine funktionspsychologische Untersuchung mit dem Lüscher-Test an der Eheberatungsstelle Basel. In: Der Psychologe 10/1958

– Zur Funktionspsychologie der Ehekonflikte. In: Heilpädagogische Werkblätter 2/1962

Cardinaux, H.: Verhaltensweisen hospitalisierter Kinder. Diplomarbeit, Heilpädagogisches Institut der Universität Fribourg 1967

Clerici, M.: Contributo allo studio del test cromatico di Lüscher. In: Riv. Ital. di Med. e igiene della scuola VI/1960, Fasz. II

Cohn, E. A.: Der 8-Farbentest in seiner heutigen Form. Berlin 1968

Dietschy, H., und Dietschy, N.: Farbwahl und Charakter von zentralbrasilianischen Indianern. In: Acta tropica 15/1958

Dittmar, F.: Affektstörungen bei der vegetativen Dystonie. In: Verhandlungen der Deutschen Gesellschaft für Innere Medizin 68/1962

Dockweiler, J.: Differentialdiagnostische Probleme bei der Depression. In: Medizinische Monatsschrift 8/1970

Eggert, W.: Eine neue Methode zur Objektivierung der vegetativen Störungen. In: Die medizinische Welt 3/1965

– Wirkungsnachweis zentraler Regulatoren bei vegetativen Funktionsstörungen mit Hilfe des Lüscher-Tests. In: Die medizinische Welt 1967, S. 65

– Diagnostik funktioneller Syndrome mit dem Lüscher-Farbtest. Zur Physiologie des Farbsehens und der vegetativen Regulationen. In: Wissenschaftliches Beiblatt zur Materia Medica (Nordmark) 54/1965

Erbslöh, J.: Über die Erkennungsmöglichkeit der Dispareunie im Farbentest. Die medizinische Welt 51/1955

– Die Adipositas und ihre Behandlung aus der Sicht der Farbenpsychologie. In: Die medizinische Welt 10/1957

– Der Lüscher-Farbtest. In: Die medizinische Welt 1956, S. 363

– Über die Anwendung des Lüscher-Tests im Rahmen der psychologischen Geburtsvorbereitung. In: Médicine psychosomatique et maternité. Revue de médicine psychosomatique 1962

– Die Verwendung des Lüscher-Farbtests in der ärztlichen Praxis. In: Ärztliche Praxis 31/1962

– Farbenpsychologie, Farbentherapie und Farberziehung. In: Wissenschaftliches Beiblatt zur Materia Medica (Nordmark) 51/1964

– Die Verwendung des Lüscher-Farbtests in der ärztlichen Praxis. In: Der niedergelassene Arzt 12/1962

– und Lüscher, I.: Die Bedeutung des Lüscher-Tests für die Beurteilung seelischer Veränderungen während der Gestationsperiode. In: Die medizinische Welt 40/1962

Flehinghaus, K.: Innere Gestimmtheit und Farb-Umwelt des Kindes. Ergebnisse einer Untersuchung an 1000 Volksschulkindern. In: Praxis der Kinderpsychologie und Kinderpsychiatrie 8/1959

– Die Signifikanzprüfung des Lüscher-Tests bei Volksschulkindern. In: Praxis der Kinderpsychologie und Kinderpsychiatrie 10/1961

– Die Farbwahl gehörloser Kinder im Lüscher-Test. In: Praxis der Kinderpsychologie und Kinderpsychiatrie 6/1968

Franzen, E.: Testpsychologie. Berlin 1958, Ullstein-Taschenbuch 181

Furrer, W.: Die Farbe in der Persönlichkeits-Diagnostik. Lehrbuch des Lüscher-Tests. Basel 1953

– Der Lüscher-Test. In: E. Stern, Die Tests in der klinischen Psychologie. 2. Halbband, Zürich 1955

– Die Farbe als Testmittel. In: Schweizerisches Archiv für Neurologie, Neurochirurgie und Psychiatrie 95/1965

– Psychiatrische Testverfahren, besonders Lüscher-Farbtest. In: Therapie der Gegenwart 106/1967

Gerster, G.: Eine Stunde mit . . . Besuche in der Werkstatt des Wissens. Berlin 1956, Ullstein-Taschenbuch 73. Ferner in: Die Weltwoche, 23. 1. 1955

– Psychologie der Kleuren. In: Nederlandse Digest 12/1957

Goldschmidt, L.: Lieblingsfarben bei Kindern? In: Zeitschrift für Heilpädagogik Januar 1953

– Farben als psychologisches Untersuchungsmittel? In: Zeitschrift für Heilpädagogik 1951, S. 412 ff.

– Beispiele aus der Praxis mit dem Lüscher-Test. In: Zeitschrift für Heilpädagogik, Februar 1952

Gramm, H.: Farbpsychologische Alternsstudien im Lichte der Statistik. In: Zeitschrift für Alternsforschung 14/1960

Grof, P., Svitavskà, E., Vojtechovský, M.: Vliv Phenoharmanu na emocni zmeny vyvolané aplikaci vyšších davek Dexfenmetrazinu. Sbornik IX. celostatni psychiatrické konference v Karlovych Varech 1961

Groh, W.: Die Bedeutung von Physiotherapie und Funktionspsychologie für Gesundheitsvorsorge und Prävention. In: Physikalische Medizin und Rehabilitation 12/1968

– Anleitung zum Lüscher-Test. In: Ärztliche Praxis 16/1969

– Biologisches Anabolikum im Lüscher-Test. In: Ärztliche Praxis 74/1970

Haelg, P.: Die Bedeutung der über- und unterwertigen Kolonnen im Lüscher-Test für die pädagogische Führung. Diplomarbeit, Heilpädagogisches Institut der Universität Fribourg 1967

– Erfolgs- und Mißerfolgserlebnis nach einer Schulleistungsprüfung. Eine Untersuchung mit dem Lüscher-Farbtest an 111 elf- bis zwölfjährigen Volksschülern. Diplomarbeit, Heilpädagogisches Institut der Universität Fribourg 1968

Hilgers, E. M.: Lüscher's Kleurentest. Een Introductie. Lüschers Farbtest. Eine Einführung. In: Tijschrift van de Psychologische Kring aan de Nijmeegse Universität 3/1955

Keßler, A.: Expériences d'administration collective des tests de «Koch» (test de l'arbre) et de «Lüscher» (test de couleur). In: Orientamenti Pedagogici 86/1968

Klar, H.: Farbpsychologische Untersuchung von 1000 Persern. (Vergleich mit Europäern in Persien.) In: Acta Tropica 3/1958

– L'ivresse de l'opium à la lumière du test des couleurs. Examen psychologique de 70 fumeurs d'opium, pratiqué avant et après l'usage du stupéfiant, au moyen de l'épreuve des couleurs. In: Médecine et Hygiène 17/1959, Nr. 427

– Die Dokumentation des Lüscher-Farbtests mit Handlochkarten. Stuttgart 1960

– Ihre Lieblingsfarbe gibt Auskunft. Der Lüscher-Farbtest und sein medizinischer Anwendungsbereich. In: Selecta 2/1960, Nr. 18

– Der Lüscher-Farbtest – ein besonders zuverlässiges Verfahren in der Psychodiagnostik funktioneller Erkrankungen. In: Therapie des Monats (Boehringer, Mannheim) 5/1960

– Colour Psychology and Medicine. (1) Colours Do not Lie. In: Medico (Boehringer, Mannheim) 1/1961

– Über Opiumraucher und ihre psychischen Veränderungen unmittelbar nach dem Rauchen. In: Medico. Europa-Ausgabe (Boehringer, Mannheim) 5/1964

– An Aid in Diagnosing Frigidity: the Lüscher Colour Test. In: Medico (Boehringer, Mannheim) 2/1962

– Farbpsychologie und Medizin. Vom «Fingerabdruck» der Seele. In: Medico. Europa-Ausgabe (Boehringer, Mannheim) 1/1963

– Der Lüscher-Farbtest, eine besonders zuverlässige und zeitsparende Methode zur Persönlichkeitsbeurteilung. In: Medico. Europa-Ausgabe (Boehringer, Mannheim) 5/1963

– Zur Aufdeckung der krankmachenden Konfliktursachen mit dem Lüscher-Test. In: Medico. Europa-Ausgabe (Boehringer, Mannheim) 2/1964

– Zur Prophylaxe der psychisch bedingten Fettsucht. Die Chi-Quadrat-Methode beim Lüscher-Farbtest. In: Die medizinische Welt 3/1965

– Colour Psychological Test on Examination Anxiety. In: Medico (Boehringer, Mannheim) 4/1965

– Die sexuelle Verführbarkeit debiler Kinder. Ergebnisse von Untersuchungen mit dem Lüscher-Farbtest. In: Ärztliche Praxis 20/1968, Nr. 39

– Angst und Hoffnung der Vietnam-Rückwanderer. Ergebnisse mit dem Lüscher-Test. In: euro-med 20/1968

– und Endres, J. S.: Farben helfen heilen. Farbige Noten erleichtern das heilpädagogische Musizieren. In: Therapie des Monats (Boehringer, Mannheim) 5/1960

– und Görtz, R.: Über die psychischen Unterschiede bei schwangeren und nichtschwangeren Frauen. In: Ärztliche Praxis 9/1964 und Medico. Europa-Ausgabe (Boehringer, Mannheim) 4/1963

Leedy, S., Leroux, P., Toncray, J., und Weiß, M.: Maudsley Personality Inventory and Lüscher Colour Test. Psychology Laboratory and Research. Transylvania College, Lexington, Kentucky 1962

Löffler, I., und Weiser, E.: Messung der Examensangt bei 200 Abiturienten. In: Ärztliche Praxis 11/1965

Lüscher, M.: La couleur, moyen auxiliaire de psychodiagnostic. In: Le diagnostic du caractère. Presses Universitaires de France 1949

– Psychologie der Farben. Basel 1949

– Die ganzheitliche Deutung. In: Ausdruckskunde 4 u. 5/1954

– Psychologie und Psychotherapie als Kultur. Basel 1955

– Lüscher-Test. Anleitung und Farbtafeln. Klinischer Test zur psychosomatischen Persönlichkeitsdiagnostik. Basel 1948. 10. Aufl. Basel 1969

– Farbenpsychologie. In: Palette (Sandoz AG) 1/1959

– Einführung in die neuen Methoden der tiefenpsychologischen Werbegestaltung. In: Kriterion 3 u. 4/1959

– Verständnis und Mißverständnis in der Psychologie der Farben. In: Mensch und Farbe 1/1959 und Test-Verlag, Basel

– Verpackungsgestaltung und Farbpsychologie. In: Palette (Sandoz AG) 5/1960

– Die Methode der strukturellen Funktionspsychologie. In: Heilpädagogische Werkblätter 2/1962, Sonderdruck im Test-Verlag, Basel

– Die Farbwahl als psychosomatischer Test. In: Deutsches Medizinisches Journal 11/1961

– Die Farbgestaltung in der Industrie. In: Die Wirtschaft 2/1958

– Psychodiagnostik affektiver und vegetativer Störungen. In: Ärztliche Praxis 42/1963

– Beiträge zum Farbtest nach Lüscher. Anleitung zum Lüscher-Farbtest. In: Wissenschaftliches Beiblatt zur Materia Medica (Nordmark) 54/1965

– Color – the mother tongue of the unconscions. Parke-Davis, Monographie Nr. 5, Capsugel S.A.

– Patienten reagieren auf Farben. Parke-Davis, Monographie 1970, Capsugel S.A.

Maier, M.: Farbe und Charakter. In: Im Dienste der Gesundheit 1/1956

– Farbe und Charakter im Lüscher-Test. In: Ausdruckskunde 1/1954

Mogensen, A., und Juel-Nielsen, N.: Factors Influencing Preference Rankings in a Special Picture Test and in Lüscher's Colour Test: A Study of Uniovular Twins Brought up Apart. In: Acta Psychiatria Scandinavica 3/1962

N. N.: Wie reagiert der Homoerot auf Farben? In: Der Kreis 19/1951

Parejo, M.: Untersuchungen über die Psychologie der Farbe. In: Acta med. Tenerife 6/1956

Paul, H.: Personality study of former prisoners of war and former internees. In: Later Effects of Imprisonment and Deportation, International Conference organized by the World Veterans Federation, The Hague, Nov. 1961

– Der Lüscher-Farbtest. In: Zentralblatt für Arbeitswissenschaft 10 u. 12/1962

Piebenga, H. T.: Frequenzverteilung der Farbwahlen bei 400 Friesen. Basel 1955

Preiswerk, F.: Intelligenz-Leistungstabellen zum Lüscher-Test. Zürich 1960 (Selbstverlag)

– Analyse und Förderung der Intelligenzleistung auf Grund des Lüscher-Tests. In: Der Psychologe 1956, S. 471

Prill, J. H., und Oppelt, Ch.: Die prognostische Beurteilung des Geburtsverhaltens durch den Lüscher-Test. Dissertation, Würzburg 1962

Ries, W.: Das Altern in farbpsychologischer Sicht. Psychoexperimentelle Untersuchungen mit dem Lüscher-Test. In: Zeitschrift für Alternsforschung 13/1959

– und Gramm, H.: Farbpsychologische Alternsstudien im Lichte der Statistik. In: Zeitschrift für Alternsforschung 2/1960

– und Ulrich, J.: Die Psyche der Fettsüchtigen im Lüscher-Farbtest. In: Die medizinische Welt 16/1959

Rokusfalvy, P.: Palyavalaszto fiatalok érzelmi életének visszatükrözödése a pszichologiai vizsgalatok adataiban. (Emotional Life of Young People Choosing a Profession as Reflected in the Data of Psychological Examinations) In: Pszichologiai Tanulmanyok, cimü 1963; évi V. Kötetéböl, Budapest 1963

– Az affektivitas szerepe a gépkocsivezetöjelöltek szenzomotoros teljesitményeinek alakulasaban. (The Part of Affectivity in the Formation of Sensomotoric Accomplishments of Motorcar Driver Candidates) In: Pszichologiai Tanulmanyok, cimü 1963; évi V. Kötetéböl, Budapest 1963

Scherer, P.: Die Affektivität von Kranken mit organischer Hirnschädigung im Lüscher-Test. Diplomarbeit, Heilpädagogisches Institut der Universität Fribourg 1969

Schmidt, H. G.: Wege der Diagnostik und Therapie bei psychogenen Krankheitszuständen. In: Medizin heute 5/1956

– Psychische Faktoren bei Cholezystopathien. In: Ärztliche Praxis 24/1956

– Psychosomatik, Farbe und Homöopathie. In: Erfahrungsheilkunde 2/1958

– Wirkung der Farbe – Erkenntnis durch Farbe – aus ärztlicher Sicht. In: Mensch und Farbe 1959, S. 45

– Der Lüscher-Farbtest zur Diagnose der vegetativen Störungen. In: Die Therapiewoche 17/1967

Schneider, A. J.: Farbwahl und Krankheit. In: Die medizinische Welt 43/1962

– Der Lüscher-Farbtest in der ärztlichen Praxis. In: Medizinische Klinik 28/1964

– Farbwahl, Krankheit und vegetative Steuerung. In: Medizinische Klinik 37/1964

Schoch-Bodmer, H.: Zur Problemanalyse von Kinderzeichnungen mit Lüschertest-Farben. In: Der Psychologe 4/1952

Scott, I. A.: The Lüscher Colour Personality Test – A Statistical Evaluation. London o.J.

Smits, W. C. M., und Stakenburg, J.: Instructie voor de Lüscher-Test. Uitgave Bureau Experimenteel Testmateriaal. Nimwegen 1958

Spirig, N.: Der Lüscher-Test bei Maturanden mit gleichem Berufsziel. Diplomarbeit, Heilpädagogisches Institut der Universität Fribourg 1967

Spranger, J., und Dörken, J.: Kindliche Adipositas: Prüfung der Psychodynamik unter d-Norpseudo-ephedrin. In: Monatsschrift für Kinderheilkunde 7/1966

Steinke, L.: Farbpsychologische Untersuchungen mit dem Lüscher-Test bei angeborenen Farbsinnstörungen. Dissertation, Universitätsklinik Basel 1960

Stern, E., und Furrer, W.: Die Tests in der klinischen Psychologie. II. Bd., Zürich 1955

Stöckli, H.: Die Beziehungsschwäche im Lüscher-Test. Diplomarbeit, Heilpädagogisches Institut der Universität Fribourg 1967

Storath, H.: Die Bedeutung der Farbe und ihre Anwendung im Lüscher-Test. In: Der Psychologe 9/1952

Ulrich, J.: Farbpsychologische Untersuchungen an fettsüchtigen Frauen mit Hilfe des Lüscher-Tests. Dissertation, Medizinische Klinik der Karl-Marx-Universität Leipzig 1958

Wallnöfer, H.: Der Lüscher-Test als zeitsparendes Hilfsmittel in der Allgemeinpraxis. In: Österreichische Ärztezeitung 16/1964

– Der Lüscher-Farbtest zur Diagnose des vegetativen Verhaltens. In: Ärztliche Praxis 70/1966

– Die autogene Norm des Lüscher-Tests zur Kontrolle des Therapieerfolgs. 1969

– Seele ohne Angst. Hamburg 1968

– Der Lüscher-Test im Vergleich zweier Privatpraxen. In: Österreichische Ärztezeitung 5/1969

Wohlfahrt, H.: Versuche zur Bestimmung eines eventuellen Effektes von Farbstimuli auf das autonome Nervensystem. In: Psychotherapie 1/1956

– Psychophysische Auswertung der Versuche zur Bestimmung eines evtl. Effektes von Farbstimuli auf das autonome Nervensystem. In: Psychotherapie 2/1957

Zehnder, A.: Schwererziehbarkeit im Lüscher-Test. Eine Untersuchung an schwererziehbaren männlichen Jugendlichen. Diplomarbeit, Heilpädagogisches Institut der Universität Fribourg 1953

Zerbe, G.: Das Chromopsychogramm des Lüscher-Tests nach Dr. Zerbe/Dr. Klar und seine klinische Anwendung. Vortrag auf dem IV. Internationalen Kongreß für kybernetische Medizin in Nizza, 19.–22. September 1966

– Farbe und Struktur. Strukturpsychologische Diagnostik I. In: Der Landarzt 12/1968

– Strukturpsychologische Diagnostik II. In: Der Landarzt 17/1968

Zgraggen, H.: Der Lüscher-Test bei milieugestörten Kindern. Diplomarbeit, Heilpädagogisches Institut der Universität Fribourg 1967

Zinder, M.: Die gebräuchlichen Testmethoden in der Psychiatrie. Der Lüscher-Test. In: Die moderne Psychiatrie 5/1957

Übersetzungen des Lüscher-Tests und Referate sind in folgenden Sprachen veröffentlicht worden: Deutsch, Englisch, Französisch, Spanisch, Italienisch, Holländisch, Ungarisch, Tschechisch, Portugiesisch.

Edward de Bono

In 15 Tagen Denken lernen

Man kann Autofahren, Kochen und Tennisspielen lernen – warum sollte es sich mit dem Denken anders verhalten?
Wie man es macht, wie man, ohne sich zu überanstrengen, die eigene Denkfähigkeit entwickeln und steigern kann, zeigt der erfolgreiche Autor in diesem unterhaltsamen Buch, das nichts von der quälenden Trockenheit und Unverständlichkeit der üblichen Fach- und Lehrbücher hat. Ohne daß man es merkt, wird man hier auf raffinierte Weise zum Denken und zum Nachdenken über das Denken verführt. Es werden dem Leser insgesamt 15 kunstvoll ausgetüftelte Aufgaben gestellt, die mehr an seinen Spieltrieb, an das Kind im Erwachsenen, als an seine Gehirnwindungen zu appellieren scheinen.

Capital, Hamburg: «Prof. de Bono vom medizinischen Forschungsinstitut der Universität Cambridge hat herausgefunden, daß wir zwar beim Lernen denken, aber das Denken nicht systematisch lernen. De Bono hat diesen Unterschied nicht nur erkannt. Er hat eine Denk-Nachhilfe entwickelt, mit der man binnen 15 Tagen nachholen kann, was man bislang versäumte: das Denken mit System.»

Isaac Asimow: «Ein begeisterndes Buch!»

Vorwort: Isaac Asimov. Aus dem Amerikanischen von Margaret Carroux. 49.–58. Tsd. 112 S. Als Beilage ein mehrfarbiges Spiel. Pappband